Del gen al género

Primera edición, marzo de 2022

El Desvelo Ediciones
Paseo de Canalejas, 13-3ºA
39004-Santander
Cantabria

www.eldesvelo.es
info@eldesvelo.es
@eldesvelo

ISBN: 978-84-124332-9-6
IBIC: JFSJ, JFSK
Deposito Legal: SA 51-2021
Impreso en España–Printed in Spain

DEL GEN
AL GÉNERO

Sexo, deseo e indentidad en el siglo XXI

Rafael Manrique

El Desvelo }{ Altoparlante

Introducción y seis notas

Un pequeño bimotor aterriza de urgencia en una pequeña y remota isla de la Polinesia en los años de la Segunda Guerra Mundial. Los nativos se acercan al aparato y, cuando consiguen entenderse con el piloto, le preguntan dos cosas acerca del avión: ¿es macho o hembra?, ¿qué come? Sexualidad y alimentación son para ellos la clave de la realidad. Y para nosotros, en buena medida, también. El dilema macho o hembra se formula, ya avanzando el siglo XXI, de forma igualmente importante. Probablemente la respuesta se ha hecho más compleja, pero la pregunta sigue siendo la misma. Sexo, género y deseo son ahora importantes conceptos para todos los seres humanos.

¿Es macho o hembra?

Este libro pretende ayudar a contestar la pregunta con información y razonamientos que nos sean útiles tanto a nosotros como a los isleños. Ampliaremos su pregunta y su posición al respecto. ¿Es macho o hembra?, ¿cómo se siente con ello?, ¿quién le gusta a usted para el gozo erótico y el apareamiento?, ¿este avión le pone?

Tal vez los nativos no sepan que por estos temas las mujeres han sufrido una terrible violencia y opresión a lo largo de la historia en todos y cada uno de los lugares de la tierra. ¿Se asombrarán al saberlo?

¿Es macho o hembra?

Desde el punto de vista actual, en el mundo antiguo la diferenciación era relativamente fácil. En el moderno y el postmoderno, ya no lo es. Lo identitario ha desplazado a lo diferencial. Lo primero es experiencial; lo segundo, analítico. No se trata de posiciones científicas o experimentales ni es un descubrimiento, sino un modo de pensar que en los últimos años se ha hecho oscilante y ha perdido precisión. Machos, hembras… ¿es una diferencia radical?, ¿nos divide en dos grupos esenciales a los seres humanos?, ¿y a los aviones?

¿Es macho o hembra?

Insistirán los polinesios al ver que no ofrecemos una respuesta contundente. Y no sé qué pensarán cuando les digamos que, en plena lógica postmodernista, identitaria y democrática, la pregunta hay que planteársela al aeroplano. Pronto sabrán que es frecuente pensar hoy que la verdad es histórica y subjetiva. Que nadie puede hablar por nadie. ¿Qué dirá el chamán?

¿Es macho o hembra?

Tal vez ellos se sorprendan, y también muchos de nosotros, al saber que el término *sexualidad* no aparece hasta el siglo XVIII, que es cuando las disciplinas médicas se convirtieron en el discurso legítimo sobre el sexo. Michel Foucault describió de forma brillante, en su *Historia de la sexualidad*, que fue en ese siglo cuando la sexualidad se toma como base para la elaboración normativa, como elemento de autoconocimiento y como tecnología de poder. Sexualidad, claro está, ya existía antes, pero no un discurso acerca de ella capaz de crear posiciones ideológicas y verdades sobre la esencia de los seres humanos. Esta explicación puede dar la sensación de ser fría y algo siniestra, pero la aparición de la sexualidad como ciencia fue muy importante y positiva, ya que implicó una ruptura con el discurso religioso y moral anterior. Se pasó al territorio de las ciencias naturales y de la biomedicina. Eso solucionó problemas, irracionalidades y tiranías. Fue un avance, pero también creó nuevos problemas.

¿Es macho o hembra?

Las definiciones de sexo, sexualidad, elección de objeto, experiencia personal y género vivido han explotado en muchas direcciones y variantes. Algunas obedecen a una mirada más compleja y crítica sobre esas variables humanas. Otras son productos mentales semejantes a la ínsula de Barataria. Se han creado conceptos novedosos que tienen mucho interés y, al tiempo, se han alimentado insensateces. Nosotros, y los isleños del Pacífico, hemos de distinguir entre el grano y la paja. Ambos valiosos, pero para cosas diferentes.

¿Es macho o hembra?

Alrededor del sexo, del deseo y del género se ponen en juego conceptos importantes para nuestra existencia. Es necesario ser precisos, cautos e intensos. Eso incluye no solo esas tres realidades, sino otras como este texto o el cuidado del avión. Ya Hannah Arendt alertaba del peligro de utilizar categorías de pensamiento que ya no resuenan en el contexto político e histórico corriente. Estos temas han cambiado tanto, desde que se formularon hasta la actualidad, que está resultando difícil establecer categorías y criterios. A veces parece que estamos hablando de cosas que ya no existen. O lo contrario, de cosas que aún no existen. En ambos casos, resuena a algo parecido a aquel suplicio de Tántalo condenado a tener sed, pero que cuando se acercaba al agua esta se retiraba. Nuestras dudas también parecen alejarse en el horizonte a medida que nos acercamos a ellas. Obligan, como señala Linda M. G. Zerilli, a estar en constante alerta. Muy exigente, desde luego, pero de esa manera el pensamiento feminista ha ido ampliando el contenido de lo pensable. Abrió nuevos significados a la experiencia de las mujeres y, por consiguiente, a la de los hombres. Pero los movimientos radicales y exitosos que permitió pueden producir, si no se está atento, teorías meramente especulativas.

¿Es macho o hembra?

Plantea Linda M.G. Zerilli que, en la actualidad, hay que elegir entre Simone de Beauvoir o Arendt, entre libertad e identidad. Preferiré ante los nativos optar por la igualdad y la libertad. El feminismo y la izquierda serán más radicales y transformadores si se centran en ellas y se desprenden de los debates epistemológicos que, a veces, recuerdan a aquellas discusiones que hace muchos siglos entretenían a los bizantinos. Ese feminismo, vinculado a la izquierda, estaría basado en la facultad de imaginar y pensar modos nuevos de vida y acción antes que sumergirse en una política de precisiones conceptuales. Zerilli afirma, de nuevo siguiendo a Arendt, que surgiría como un ejercicio de libertad colectivo e históricamente situado. El feminismo centrado en la libertad no se interesa en saber si existen o no las mujeres, sino en transformar, en construir otro mundo, en comenzar de nuevo para ellas y para ellos.

Personas tan amantes de historias y mitos como los nativos del Pacífico disfrutarán con esta polémica.

¿Es macho o hembra?

No es extraño que los isleños se pregunten si algo es macho o hembra. No es tarea fácil realizar esa distinción.

¿Hasta qué punto poseemos un medio objetivo de hacer una proposición empírica? Y no es esta una reflexión meramente teórica, sino una realidad. Por ejemplo, al Comité Olímpico Internacional ese tema le ha venido complicando la vida desde 1968 a la hora de tomar decisiones a ese respecto. Hay personas que tienen aspecto de mujeres y se ven a sí mismas como mujeres, pero tienen cromosomas del sexo masculino. Otras tienen cromosomas femeninos, pero, debido a defectos en la producción hormonal, tienen músculos y genitales masculinos. Otras que tienen dos cromosomas X, pero también un Y. Y así casi *ad infinitum*. Por ello, numerosas feministas afirman que no existe un criterio definitivo para establecer la diferencia sexual. Y sí que existe, pero no siempre se puede aplicar con precisión. En nuestros encuentros cotidianos hacemos ese juicio fácilmente. El día y la noche no se afectan en su naturaleza por la obvia existencia de atardeceres y amaneceres, cuyo límite es siempre indefinible. Las tribulaciones del Comité Olímpico indican que podemos incluir en una clase a aquellos miembros que no satisfagan las descripciones prototípicas. Significa que cualquier conjunto particular de criterios es elástico y estará sujeto a dudas. Esto no socava la idea básica de que hay algo llamado diferencia sexual que se apoya en datos objetivos y juicios sociales. No hay proposiciones universales ni conclusiones unívocas. Por ejemplo, una actuación de *drag queen* puede llevar a que una persona se formule preguntas existenciales sobre la identidad de género, otra confirme lo que ya pensaba y una tercera consuma el espectáculo de forma procaz. Todos los caminos son posibles. A ver qué piensan los isleños.

Notas previas

1.– El lenguaje aquí usado es inclusivo. Al decir personas o todos o seres humanos, me refiero al conjunto de la humanidad. Tan solo haré una discriminación cuando sea necesaria para la comprensión del texto. Todo lenguaje es una convención artificial y exige voluntad de entendimiento. Este autor no cree que haya que mencionar en cada uso de un pronombre personal todo tipo de experiencias de género posibles o neologismos *ad hoc*. Me consta que otras personas creen cosas distintas.

2.– Los ensayos sociales no hablan de verdades. Son interpretativos e interpretables. No es fácil atribuir con precisión qué es lo que realmente los autores que se citan quisieron decir. Pero para este trabajo no es relevante. Lo que importa es, como decía el inefable sicario Pazos del film de Juanma Bajo Ulloa *Airbag*, el concepto.

3.– Todos los temas aquí tratados son ahora muy polémicos. Está en juego poder, prestigio, *status*, dinero, becas o trabajo. Es este un libro sobre ideas, opiniones e incluso manías. Es una reflexión personal. Tan sesgada como lo es todo ensayo. Sesgada sí, pero documentada también. Racional, pero no verdadera ni objetiva. Es, parafraseando a Jonathan Swift, una humilde propuesta.

4.– En el feminismo se distinguen varias olas. Estas que constituyen diversas aproximaciones teóricas que se fueron desarrollando a medida que las condiciones sociopolíticas cambiaban y a tenor del éxito que el movimiento iba teniendo. En este texto, me referiré con «feminismo» a todo ese conjunto y distinguiré entre unas u otras olas solo cuando sea necesario. Este libro no habla en nombre de las mujeres ni para las mujeres. Ni para los hombres. Es para cualquiera al que le puedan interesar estos temas.

5.– La bibliografía sobre estos temas suele tener dos problemas relacionados. Uno, que es inmensa. El otro es que una buena parte de esa inmensidad es incomprensible o repetitiva. Este es un libro escrito para desarrollar una comprensión global y actual de los temas asociados a la diferencia sexual humana. ¿Hacía falta? Pensé que si a mí me aclaraba el pensamiento, tal vez le serviría a alguien más. No me he exigido ser neutral ni mucho menos académico, pero sí me he propuesto ser claro. Desearía haberlo conseguido.

6.– Al final del libro, se puede encontrar una lista de las personas, básicamente ensayistas, cuyas opiniones, creencias o ideas he asimilado, ampliado, aceptado, criticado o rechazado. Y seguro que algunas veces he malentendido. En internet, librerías y bibliotecas pueden encontrarse sus textos sin dificultad.

PRIMERA PARTE

DEL GEN AL GÉNERO

I. En el principio...

Del gen al género. Principio y fin de nuestro desarrollo como seres dimorfos sexuados. La ciencia ha ido describiendo cada vez con más precisión este camino que se inicia en los genes, sigue por las hormonas, continúa por los aparatos sexuales y por el cuerpo hasta acabar en la mente y el establecimiento de un género. En un principio, es un camino que habrá de bifurcarse en lo masculino o lo femenino. En cada paso de ese camino se produce un salto no solo irreversible, sino catastrófico, en el sentido técnico de la palabra, porque cambia bruscamente el estado anterior. Emerge una realidad nueva no acoplable a la anterior y que suele acabar en la construcción de un ser adulto masculino o femenino y heterosexual. Se trata de trayectos que se asumen binarios, excluyentes e irreversibles, excepto por algunas anomalías genéticas, endocrinas o del desarrollo morfológico.

Siempre había sido obvio a lo largo de la historia que, con alguna frecuencia, estos trayectos no se daban de la forma típica. Esos casos se ignoraban, ocultaban, negaban, perseguían o se alababan. Existían, no es un descubrimiento reciente. En todas las culturas ha habido personas que se han sentido de otro género del que cabía esperar por sus características sexuales al nacimiento. Algunos pudieron sacar partido de eso, pero la mayoría trataban de organizarse con sus sentimientos de la mejor forma posible, alejándose de las corrientes tradicionales, donde los encuentros eran más fuertes y peligrosos.

En la actualidad, unas de esas visiones, expresiones y realidades se muestran en las siglas, ya populares, de LGTBIA+. Hacen referencia a dimensiones y experiencias muy distintas que debieran ser consideradas por separado. Iniciaré este trabajo con una sencilla definición de ellas, que luego se irán haciendo más precisas y complejas a lo largo de los capítulos.

Lesbianas, gays y bisexuales son términos que describen la elección de objeto de atracción sexual. Igual que el de heterosexual. No son una esencia, sino un deseo. Como sostiene Gore Vidal, describen simplemente con quién le gusta a cada uno follar.

Lo transgénero implica que una persona no se identifica con lo que se espera del sexo biológico al que fue asignada al nacer. Hay una distonía entre su cuerpo y su experiencia como ser sexuado, que tratan de superar de diversas maneras. Pueden incluso llegar a desear cambiar su corporalidad por medios químicos o quirúrgicos. O no hacerlo. Lo básico aquí es la identidad sentida y no la elección de objeto.

Lo intersexual, por su parte, es una anomalía de orden biológico con alteraciones hormonales, cromosómicas o cognitivas más o menos relevantes.

Lo asexual describe a las personas que, sin ninguna razón que lo explique, no sienten atracción erótica hacia los demás. Sí pueden tener prácticas sexuales por cariño a quien ama.

Ninguna de estas situaciones son en sí mismas patológicas, con la excepción mencionada de algunos casos de intersexualidad.

El «+» es una especie de ironía que advierte de que, tal vez, la lista de elecciones de objeto o de género no haya concluido.

Lo *queer* no es una adscripción sobre sexo, elección de objeto o género. Es fundamentalmente una posición ideológica que generalmente critica todas las anteriores. Hay personas que ante la evidencia de las diferentes situaciones, marginaciones y exclusiones que ocurren en función del sexo y el género, fundamentalmente femenino, prefieren no estar adscritas a ninguna de ellas. El término *queer* también se está utilizando como sinónimo de pluralismo sexual postmoderno.

Los mamíferos, entre los que nos encontramos, se dividen de forma habitual en machos y hembras. Eso no se construye socialmente. Lo que sí es una construcción social y personal es la definición y contenidos que se quiera dar a esa diferencia que va del gen al género. «No se nace mujer, se llega a serlo», afirmaba Beauvoir. Brillante y equívoca frase. Sí se nace macho o hembra, con la excepción de los estados intersexuales, por brutos que nos suenen estos términos. Y es el devenir de esta realidad la que es muy variable y con muchos escollos en su desarrollo.

La discriminación contra la mujer no se combate diciendo que sería mejor que no hubiera diferencias sexuales. Ni diciendo que esas diferencias no existen.

Sería más útil aceptar que todas las definiciones mencionadas son provisionales y todas las personas esencialmente vulnerables. No habrían de ser necesarios heroísmos ni melodramas ni marginaciones ni agresiones para vivir, más o menos felizmente, esa panoplia de realidades existenciales.

Tal vez por esa complejidad, equívoca y, a veces, un tanto amenazante, Paul Preciado afirma que abandonar el régimen de la diferencia sexual significa abandonar la esfera de lo humano y entrar en un espacio de marginación, violencia y control. Supongo que por ese miedo, él, con poca consistencia teórica, pero mucha capacidad pragmática, se define como «varón trans no binario». Más adelante precisaré esos términos.

En la actualidad, los avances científicos y la ideología social del postmodernismo están cambiado esos conceptos y las reglas del juego asociadas a toda esta variedad. Se crea un poderoso sistema de *feedback* gracias al que todo muta y, poderosamente, se influye. Uno de los temas que más críticas suscita de las nuevas teorías es la aceptación de la separación entre cuerpo y mente. Una polémica que parecía superada ha vuelto, a pesar de la evidencia de que alterar uno de los polos altera al otro. René Descartes a nuestros efectos ha muerto, pero, a pesar de ello, sigue muy presente su idealismo platónico que separa cuerpo de alma y da más importancia al alma. O al cuerpo. Ambos dualismos son inaceptables desde cualquier perspectiva científica.

La neurociencia cognitiva —pensemos en Antonio Damasio, Steven Pinker o Daniel Kahneman— no deja de insistir en que la consciencia no está solo en el cerebro, sino es algo que construye el cuerpo en su totalidad, a través del sistema nervioso, que es el que nos aporta la capacidad de sentir y de tener conocimiento de nosotros mismos. Como dice Damasio: «Somos animales de sentimientos que pensamos y animales pensantes que sentimos». Nada que asuma que somos mente o conciencia sin corporalidad o corporalidad sin consciencia se corresponde con la naturaleza humana y se trata, por tanto, de meras ideologías. Con frecuencia se opone lo sentimental a lo racional. O lo psicológico a lo biológico. Es un disparate científico. El sentido común y años de investigaciones científicas lo desmiente. El ya popular neurólogo define esta relación cuerpo-mente de manera precisa y clara. Los sentimientos son la clave de la supervivencia. Se producen cuando el cerebro interpreta las señales que le llegan de los cambios que acaecen en el estado interno corporal (la experiencia llama a esas modificaciones emociones) y que lo modifican a través de un complejo sistema llamado sistema nervioso interoceptivo. Esa interpretación es la que nos facilita la toma de decisiones, pero no es objetiva. A su vez, está sometida a sesgos y prejuicios de origen emocional o que están presentes en nuestra forma innata de razonar, producida a lo largo de la evolución. Razón y sentimiento son híbridos de cuerpo y cerebro. O cuerpo y mente, si se prefiere la terminología clásica. En nuestra experiencia humana nada es psicológico, nada es mental, nada es biológico, nada es social de forma pura. Somos un pastiche.

La relación entre lo sexual, lo mental y lo corporal se ha convertido, en ocasiones, en un problema. Eso ocurre, por ejemplo, en situaciones específicas como la anorexia, el culturismo o, desde una perspectiva más general, con las posiciones de algunos movimientos feministas que —conscientes de que gran parte de la terrible opresión ejercida desde el inicio de los tiempos sobre la mujer ocurre en el territorio de su cuerpo— han querido decretar su inexistencia. Y no es posible. Somos seres corporizados, y nuestra esencia y experiencia se basa en el cuerpo. Sin él, no existiríamos como somos y como nos experimentamos. Tal vez algún día haya seres inmateriales como pronostica el maravilloso film *Last and first man*, solo que, como allí se afirma, serán posthumanos. ¿Algún día no habrá géneros ni cuerpos? Pienso que sí los habrá, se llamen como se llamen. Y también diferencias sexuales. Si llegáramos a reproducirnos por máquinas y biotecnología y no fuéramos distinguibles, seguiríamos siendo seres vivos y, probablemente, sujetos de derechos, pero no seres humanos en el sentido que hoy damos a ese término. Tal vez eso pudiera ser mejor, pero sería otra cosa. Como lo que ocurrió con las aves: descienden de los dinosaurios, pero ya no lo son.

Muchas de las realidades que se consideraban fuera del alcance de la voluntad humana se están pudiendo alterar de forma material. Y se puede asumir a voluntad el contenido de algunas de sus definiciones y prácticas. Lo sexual, lo corporal, la identidad… pueden ser, en diferentes medidas, elegidos y modificados. ¡Grandes avances! Sin embargo, hay que tener en cuenta que los asuntos de orden existencial que se postulan derivados de una construcción social no se resuelven en el quirófano ni en las leyes ni en las tesis doctorales, si bien todo puede ser útil. El neoliberalismo, con su insistencia en la libertad sin límites y sin los compromisos ni responsabilidades asociadas, paradójicamente abrió un hueco en el que las posiciones LGTBIA+ —con frecuencia radicales para el orden establecido— pudieron establecerse. Cuando el sistema social fue consciente, cargó contra todos esos movimientos, pero ya estaban instalados. Era irremediable. Eso fue simultáneamente bueno y malo. Por un lado, se desarrollaron nuevas libertades y posibilidades para todas esas variables de sexo, elección de objeto y género que se estaban planteando, pero por otro se tiñeron con frecuencia de una emocionalidad e irresponsabilidad excesiva. Como en otras áreas sociales, se expandía una idea de libertad de consumo y de libertad de elección que no admitía reflexión o crítica alguna.

Eva Illouz señala en sus importantes trabajos que el neoliberalismo ha supuesto en las relaciones amorosas y eróticas la primacía de lo emocional por encima de la igualdad y la justicia. Con ello queda comprometida la lucha por la emancipación general del movimiento feminista. Laurent Berlant advertía de que la emocionalidad y la falta de compromiso mantenían a las personas entre el optimismo y la decepción, entre la esperanza y el tedio en una parálisis que solo se elimina a través de una acción exigente, aunque no violenta o antidemocrática. Es una estrategia necesaria para todo movimiento de liberación. Ya Etienne de la Boetie lo advirtió en su *Discurso sobre la servidumbre voluntaria*, allá por el siglo XVI.

Hoy se puede afirmar que en una parte de las sociedades actuales son posibles diversas maneras de ser humano sin riesgo de ser perseguido. Podemos tener el derecho y la libertad de asumirlas y expresarlas mientras no se perjudique a otros. Pero que podamos o queramos realizar cambios en esas variables vinculadas a lo sexual, genital, mental e identitario no quiere decir que en sí mismas signifiquen emancipación personal y, mucho menos, que unas sean superiores a otras. La frase *Be sapiens, be homo,* es divertida e ingeniosa, pero falsa. El camino que va desde lo más biológico a lo más social construye nuestra singularidad. Es un proyecto humano que no reside en ninguno de sus pasos. Es algo que se realiza a lo largo del tiempo de forma personal. Podríamos añadir que, afortunadamente, lo subjetivo sigue siendo algo que no se compra ni se vende... por ahora.

Somos seres corporizados y sexuados. Y hemos de mantener diferencias entre nosotros, ya que de ellas nace el deseo. Diferencias en nuestras formas, no en nuestros derechos, si bien todas contienen el germen de la discriminación. Es preciso estar atentos.

Conscientes, vulnerables, temerosos, injustos, inteligentes. Brutales a veces, tiernos otras. Con una capa de raciocinio y amor aún muy limitada. No hace tanto que estamos en este planeta. Necesitamos tiempo, política, reconocimiento, amor, cultura y seguridad para seguir adelante y ser *sapiens,* homos o no, o LGTBIA+…, llegando incluso hasta la zeta.

II. Letras definidas. Lgtbia+

La diversidad afectiva, sexual y de género hace referencia a las diferentes posibilidades de asumir y vivir la afectividad, la sexualidad, el deseo y la experiencia de ser hombre, mujer u otra alternativa. Es el despliegue de lo humano.

Dada la variabilidad terminológica, antes de seguir más adelante, convendrá dejarlos definidos más precisamente de cara a comprender bien los actuales debates sociales y los proyectos de ley que en España y en la Unión Europea se están elaborando. Hablar del espectro de LGTBIA+ es cómodo, pero crea más confusión que otra cosa. Alex Iantaffi y Meg-John Barker están empezando a utilizar las siglas GSRD (Diversidad de Género, Sexual y de Relaciones; en castellano, DGSR) para evitar esa sopa de letras en constante expansión. Es una buena idea.

De lo que se está hablando con esa suma de iniciales es, en definitiva, de tres realidades: sexo, elección de objeto de deseo (en adelante, deseo) y género. Cualquier persona tendrá una posición, consciente o no, respecto a esas tres dimensiones. No se puede elegir o quitar alguna de esas categorías de la comprensión de lo humano. Hacerlo ya sería pertenecer a otra categoría, pero un tanto inútil: la de los que no quieren admitir una o ninguna de ellas. Sin embargo, ser humano es vivirlas y gestionarlas dentro de la viabilidad que sea posible. Algunas personas creen que su posición es tan original que no cabe en ninguna de las letras existentes y que han de poner una más dedicada a ellas. ¡Cuánta razón tenía Sigmund Freud al hablar del narcisismo de las pequeñas diferencias! Cada vez más autores empiezan a advertir que no es buena cosa inventar palabras nuevas, que con frecuencia no son más que sinónimos de las ya existentes, para definir sus experiencias y pretender convertirlas en categorías. Facebook da más de cincuenta palabras para definir qué es el género. ¿Existen tantos? Eso sin contar las muchas otras concepciones que se perdieron a causa de genocidios y que algún anticolonialismo demanda que debieran recuperarse en honor a esos pueblos masacrados.

Me gustaría enfatizar aquí que no debería importar tanto si estamos ante realidades biológicas, psicológicas o sociales, o una combinación de las tres cosas. Hablar de biopsicosociales es simplemente un término políticamente correcto que, de tan cierto, es banal. Tampoco debería importar tanto si esas dimensiones implican una elección personal o algo que no podemos evitar. La experiencia de una persona es eso: su experiencia. Las múltiples y complejas razones que hayan detrás no debieran suponer ninguna diferencia en cuanto al buen trato que se le conceda; además, proporcionarle el reconocimiento de sus derechos como ser humano, la colaboración para que viva a gusto y que su satisfacción sea la mayor posible.

El esquema que sigue puede ayudar a hacer algunas precisiones útiles:

		Sexo		
Varón	Hembra	Intersexual	Transicionado	
		Deseo sexual		
Homo	Hetero	Bisexual	Difuso	Sin deseo
		Género		
Masculino	Femenino	Trans	Indeterminado	¿Queer?

Si sexo, deseo y género nos definen, ocurre que toda persona estará situada en una posición en cada una de esas tres dimensiones. De ellas se deriva su experiencia vital respecto a todo el espectro de la base sexual humana, desde la perspectiva más genética hasta la más existencial. Desde el gen hasta el género.

Lo más habitual es que las personas sean *varón-heterosexual-masculino* o *hembra-heterosexual-femenina*. Es la posición convencional y en la que se basa la reproducción de la especie. A partir de aquí, otras muchas variables minoritarias son posibles. Basta tomar una de cada área y combinarlas. Así, por ejemplo, habrá *varón-homosexual-masculino*; o *hembra-homosexual-femenina* o *varón-indeterminado-masculino*; o *hembra-sin deseo sexual-femenina*.

El caso de los transexuales y *queer* es diferente. Lo iremos viendo a continuación, pero empecemos por señalar que las personas transgéneros han pasado, por ejemplo, de *hembra-heterosexual-femenina* a *hembra-heterosexual-masculina*. Se ha producido un cambio en las variables de definición de naturaleza psicológica. Si además se producen cambios quirúrgicos y hormonales, se da el caso, por ejemplo, de *hembra-homosexual-femenina* que pasa a *varón-heterosexual-masculino,* debido a que se ha producido una transición a morfologías y endocrinologías diferentes de las de partida.

Lo *queer* implica una crítica a la totalidad, ya que su posición es que el sexo, la elección de objeto o el género no existen como tales. Piensan que son imposiciones del medio social o que son posiciones que cambian y dependen de cómo se actúe en la vida. Son performativas, en términos de Judith Butler. No es en sentido estricto un género.

Todo esto parece un poco farragoso, pero esa estructura es muy lógica y resulta útil para comprender esta compleja casuística fenomenológica.

Sexo

Es una etiqueta usualmente dada por médicos, parteras, chamanes..., basados en la anatomía o los genitales. Si se hace dentro de la medicina occidental, incluye los genes y hormonas con las que se nace. Es lo que fija el certificado de nacimiento que describe al neonato como varón o hembra. Algunas personas nacen con una mezcla de marcadores anatómicos muy imprecisos, lo cual dificulta la tarea de asignar un sexo. Incluso, en algunas ocasiones, esa asignación, varón o hembra, llega a resultar imposible. Es lo que se denominan estados intersexuales. Esa situación se suele descubrir al nacer en muchos casos, pero, en otros, solo al llegar a la pubertad o al hacer algún tipo de analítica. A veces constituye un problema de salud o cursa con ciertas incapacidades y complicaciones. Otras no es así, y han de concebirse como una simple variante de la situación normal de desarrollo sexual.

En los casos intersexuales, lo más habitual es que los padres o tutores decidan criar al bebé como niño o niña, aunque cada vez hay más países en los que no es necesario definir el sexo, femenino o masculino, en la partida de nacimiento. Eso se deja para más adelante y se consigna de forma legal un sexo sin identificar. Pasado un tiempo, algunos de esos casos por medios quirúrgicos y hormonales pueden decantarse a un sexo determinado. Lo mismo puede ocurrir en algunas personas transexuales que han transformado materialmente su sexo.

Respecto al sexo podemos, pues, precisar cuatro posiciones: varón, hembra, estados intersexuales o transicionado.

Elección de objeto (deseo sexual)

Es la atracción física, emocional, erótica, genital, afectiva y espiritual que sentimos hacia otra persona. Esta atracción puede ser hacia personas del mismo sexo (homosexual: lesbiana o *gay*), del sexo opuesto (heterosexual), de ambos sexos (bisexual) o de forma difusa. También existen algunas personas que no poseen deseo sexual alguno, sin que eso suponga para ellos un problema físico o psicológico.

A lo largo de la vida, es posible que ocurra un cambio de orientación en la elección de objeto, bien porque la persona lo ve surgir de forma espontánea y poderosa o bien porque sea producto de la consciencia de un nuevo deseo que quiere hacer realidad.

El deseo se refiere a la persona con la que se quiere tener relaciones sexuales, con la que se crea una intimidad única que conduce a la obtención de placeres físicos y emocionales. Por decirlo de nuevo en términos de Vidal, describe a con quien quieres irte a la cama. No describe una identidad o una manera de ser.

Respecto a la elección de objeto podemos precisar cinco posiciones: heterosexual, homosexual, bisexual, difusa y sin deseo.

Género

Acerca del género podemos realizar dos tipos de definiciones. La primera se refiere a lo que en cada sociedad se atribuye como propio de los hombres o de las mujeres. Es la identidad social de género. Una atribución que incluye prescripciones y proscripciones para todas las personas, que se realiza en base a las características biológicas sexuales al nacer. Es decir, este término, describe lo que cada sociedad y cultura espera que piense, sienta y actúe alguien por ser varón y masculino (hombre) o por ser hembra y femenina (mujer). Condiciona los roles, las posibilidades, las acciones, el aspecto físico y la expresión de la sexualidad de las personas. Un sencillo ejemplo: muchas culturas alientan a los hombres a ser más agresivos y competitivos que las mujeres.

En la segunda definición, que en este ensayo nos va a importar más, se describe la identidad personal de género, esto es, cómo cada persona se siente en su interior, quien se dice a sí mismo qué es. Es la forma emocional, psicológica y existencial que cada persona experimenta acerca de su corporalidad sexuada. Es una conclusión subjetiva y personal y puede corresponder o no con el sexo asignado al nacer. Es decir, es algo que cada persona siente, independientemente de que haya nacido macho o hembra. Una persona masculina puede sentir que su identidad es femenina, y viceversa. Es importante precisar que la expresión de género, sin embargo, se refiere a cómo mostramos al mundo a través de ropas, conductas, actitudes o roles, lo que sentimos y creemos que somos. La sociedad, a su vez, puede aceptar o confrontar, incluso de forma violenta, esa definición.

Por lo que sabemos, es un sentimiento que aparece temprano en el desarrollo psicológico. Lo más frecuente es que se viva y acepte de forma egosintónica, es decir, armónica, lo que la biología y cultura ha dado. La mayoría de las personas a quienes se le asigna femenino al nacer se sienten como niñas o mujeres, así como la mayoría de aquellos a quienes se les asigna masculino se sienten como niños u hombres. A estas se las denomina con el poco poético nombre de cisgénero. Pero otras tienen una identidad de género que se contradice con el sexo asignado al nacer. Por ejemplo, nacieron con vulva, vagina y útero, pero se sienten e identifican como masculinos. O con pene y testículos, pero se sienten mujeres. Estas personas se denominan transgénero. Sienten como si estuvieran encarcelados en un cuerpo con el que no se identifican. No se sitúan en la lógica que la sociedad había prescrito para ellas. Dado que ese término describe la sensación íntima que una persona tiene, es aquí donde podemos encontrar unas cuantas variantes de lo *trans*. No considero que la polémica respecto a lo binario o no binario suponga una categoría. La diferencia binario o no binario es una operación mental para entender la realidad. Prácticamente, nada es binario o, por el contrario, todo puede ser definido como tal. Hasta las binarias partículas de la mecánica cuántica pueden estar acopladas. Incluso a distancia, y no ser tan digitales como se pensaba. Al mismo tiempo, la esencia de los cuantos es, precisamente, que se presentan en cantidades discretas.

En lo binario biológico, siempre hay un margen de ambigüedad que no se puede eliminar. Somos seres visuales y bípedos, aunque haya algunos que sean ciegos o no tengan piernas.

El binarismo es una decisión parcialmente política y parcialmente física. En ocasiones es importante y necesario considerar la realidad como binaria y otras no. Hay personas que afirman que no se sienten hombres ni mujeres o se sienten hombres y mujeres a la vez o van cambiando según su historia y circunstancias. Se consideran a sí mismos como pertenecientes a lo binario o no. Dado que es una experiencia, ha de ser considerada y aceptada como tal. Puede haber tantos géneros como personas, pero no son categorías materiales de la realidad, sino descripciones de la experiencia personal a tener en cuanta, aunque a la lógica común le parezcan insensatas. Don Quijote sentía la identidad de caballero andante, pero eso solo tenía validez para él. No es una esencia humana. Mucha gente puede decir que no se siente hombre o mujer completamente, sin que por eso podamos afirmar que lo no binario es una categoría humana. Más bien, se trata de una experiencia personal que en términos blandos es bastante común. Si ser hombre fuera ser como los legionarios desfilando…, ¿cuántos admitirían serlo si eso implicase comportarse como ellos? ¿Cómo se sabe si una persona es cien por cien hombre o mujer?, ¿quién lo certifica? Sabemos que eso del cien por cien es muy ambiguo. Hay personas que no quieren o no saben decidirse y ven en sí mismas una cierta ambigüedad perfectamente aceptable.

Podemos decir, entonces, que es posible distinguir un género masculino, uno femenino (ambos cis), uno trans (transicionado o no), uno difuso, y uno *queer*, entendiendo que eso supone la negación de la definición de género).

Género y tecnología

Mencionaba anteriormente que algunas personas trans deciden llevar a cabo modificaciones corporales (hormonas y/o cirugías) para adecuar su aspecto a lo que sienten, adoptando la apariencia y costumbres de lo que la sociedad entiende qué es un hombre o una mujer. Se dice de ellas que han transicionado, es decir, han cambiado, en la medida de lo posible, sus variables materiales sexuales: anatomía, hormonas; y además de su fenotipo: ropa, alimentación, costumbres, actitudes…

Hoy en día, la medicina va creando posibilidades que hasta hace poco pertenecían a la ciencia ficción, y se puede decidir entre diversas alternativas disponibles, opciones como tratamiento hormonal, cirugía de reconstrucción torácica, histerectomía, vaginoplastia, faloplastia y rasurado traqueal o condrolaringoplastia. Cuando las personas trans se someten a alguna de estas modificaciones corporales, lo ven como parte de lo que se denomina su transición. Por supuesto, no todas las personas trans buscan la modificación corporal. La mayoría no desean esa transición por muchas clases de motivos, incluido el económico. Un estilo más blando de transición es el denominado *crossdresser* o travestismo, en el que el cambio de género se realiza a través del atuendo.

No tenemos una sola identidad, sino más bien varios roles, gustos y experiencias en relación con aspectos como la sexualidad, la raza, la edad, la clase social, etc. Cambian a lo largo de la vida y se entremezclan. Por eso defender que uno es esencial y eternamente de una manera u otra suele ser un error de concepción, producto habitualmente de la inseguridad y el miedo. Estos roles, identidades y experiencias juntos son algo mucho mayor y más complejo que la suma de sus partes. Al añadirse las cada vez más sorprendentes opciones médicas y quirúrgicas, vemos que el cambio que se avecina es casi inimaginable.

¿Qué pasará con nosotros cuando en un futuro ya cercano haya úteros artificiales, fecundación *in vitro*, modificación de la dotación genética y procedimientos de reproducción en los que la unión física no sea necesaria? Algunas de ellas ya están operativas. Woody Allen lo anticipó respecto al sexo cuando creó, en *Todo lo que usted quería saber sobre el sexo y no se atrevía a preguntar,* aquella máquina, Orgasmotrón, que producía orgasmos con solo acariciar una bola. Sabemos, por los experimentos que se hicieron en la década de los 50, que las ratas con un electrodo implantado en la zona del cerebro que regulaba el placer pulsaban la palanca que lo producía de forma frenética hasta llegar a la muerte. También eso es tecnología.

Es inútil discutir si un varón transicionado a hembra o una hembra transicionada a varón sigue siendo hembra o varón. Da igual. Lo que hay que pedir es que esa persona sea considerada y disfrute de esas consecuencias. Pero no es así en todos los casos. ¿Si una persona nace en Honolulu puede decir que es vasco sin tener ninguna relación o vínculo con esa comunidad? ¿Puede decir, como en el conocido chiste, que »los vascos nacemos donde queremos»? Todo es posible que se pueda decir, pero no todo es sensato ni aceptado por la comunidad de referencia.

Queer y Drag

El caso *queer* es diferente, ya que las personas que así quieren denominarse lo hacen porque no quieren admitir definiciones. Con ello, crean otra definición. Es una actitud que se parece a los turistas que no quieren ser considerados turistas, sino viajeros.

Desde esta teoría, se afirma que el sexo es una construcción, lo que no quiere decir que sea algo falso o artificial. Como veremos, decir de algo que está socialmente construido es un truismo sin mucho valor, ya que prácticamente toda realidad humana lo está. Lo importante es cómo, por qué y para qué se da ese proceso. Suelen aparecer problemas, ya que el lenguaje de las teorías *queer* suele ser muy abstracto, muchas veces incomprensible y, con frecuencia, incluye exageradas afirmaciones. Eso hace un flaco favor a sus ideas, y de otra manera pueden tener una lógica y una claridad sorprendente. Un ejemplo de ello es afirmar que no existen características sexuales biológicas, sino que el orden social ordena las características del cuerpo en dos únicas y exclusivas categorías que tienen un origen sociopolítico. Lo que es más que cuestionable es creer, como ocurre en cualquier ideología, que su posición es más verdadera, más fluida y más incluyente que las categorías tradicionales o feministas acerca de la orientación sexual e identidad de género.

Un caso aparte es lo *drag* (*drag kings* y *drag queens*), que es un término que se utiliza para representar una versión de lo transgénero que hipermasculiniza o hiperfeminiza los roles tradicionales. El término *drag* se suele asociar con alguien que representa el papel opuesto al del sexo que se le asignó al nacer. Su forma de vida y su expresión son un exceso, una parodia de la sexualidad y del género convencional. En esta parodia, habitual en los circuitos de los espectáculos gays, es en la que Butler ha creído ver una posibilidad de una subversión total de los géneros y las costumbres.

Proponer una cierta política de hibridación entre lo masculino y lo femenino o entre lo homo y lo hetero es banal. Es difícil sostener que algo así es subversivo cuando, en realidad, existe en todos los niveles, desde el cromosómico hasta el existencial. La pureza rara vez se da. Hasta la perfección estructural del diamante contiene alguna impureza que lo hace aún más hermoso. La Tierra es redonda, pero hacemos pistas de tenis que, aunque tengan necesariamente una cierta corvadura, es muy práctico considerarlas como planas para poder jugar un buen partido.

La misma banalidad observamos en la afirmación de que lo heterosexual es una organización cultural. Todo lo humano lo es. La afirmación que propone que lo heterosexual ha creado la normatividad homo y hetero parece cierta. Pero eso es una descripción de cómo se ha dado la evolución cultural. No nos habla de su naturaleza intrínseca. La heteronormatividad no es un régimen político específico, sino el conjunto de dispositivos y discursos, violentos o seductores, que emanan de sociedades en las que se privilegia el patrón de relación heterosexual. Todas las que conocemos son así. Con el término homonormativo se describen aquellas prácticas de asimilación de ideales, valores, estilos de vida e imaginarios heterosexuales por parte de las comunidades LGTBIA+. Esa asimilación, que ciertamente ocurre, las lleva a enfrentarse con el movimiento *queer*, para el que esa evolución resulta inaceptable. Es lo mismo que ocurrió tras el triunfo del cristianismo. Desde la esencia de la naturaleza hasta la divinidad, se crearon acordes a la imagen triunfante. El ganador suele escribir su historia como la Historia.

Creo, por último, que tiene interés precisar que hablar de perspectiva de género no tiene ningún contenido o, si acaso, poético; pero como poesía… es bastante mala.

Todas las personas tienen un género y miran el mundo desde ahí. Todas tienen esa perspectiva, porque eso define la experiencia humana respecto al sexo, al cuerpo o la existencia como hombre, mujer o cualquier otra experiencia que una persona pueda sentir. Si de lo que se está hablando es de la perspectiva desde la mujer, es mejor que se diga así. Si a lo que se refiere es a la opresión histórica de la mujer, es mejor que se diga así. Si se refiere al machismo, es mejor que se diga así. De esas formas se construirían afirmaciones más claras, específicas y con un contenido político mucho más útil.

III. Sexo, género y deseo

Las variables

En una entrevista en la radio recientemente, se afirmó que cada persona tenía un género propio. Quedé anonadado. Según eso, en ese momento, habría, tirando por lo bajo, unos siete mil quinientos millones de géneros. Si el bar que está debajo de mi casa quiere respetar todas las sensibilidades, ¿cómo va a hacer con los aseos? Tantos no caben, por no hablar del presupuesto. Al final se me ocurrió una solución que me alivió. Hacer tan solo uno, pero con todo lo necesario para un baño y que estuviera limpio. Luego, que se apañen los usuarios dentro con sus variables y experiencias.

La sexualidad humana es compleja, pero no tan incomprensible como parece cuando nos acercamos a algunos de los estudios culturales norteamericanos. Sería importante, desde el punto de vista social y político, hacer definiciones y establecer diferencias que sean racionales, realistas, comprensibles y aceptables para casi todas las personas. No para todas. Siempre habrá terraplanistas de la sexualidad. Una comparación tal vez sea útil. Una posición espacial se determina con precisión a través de tres puntos. Se pueden utilizar muchos más, pero no son necesarios. Esa triangulación es la base de los GPS, que tanto beneficio nos aportan para no estar perdidos. O para estarlo, pero queriendo. El tema de la sexualidad humana se puede comprender a través de tres variables:

sexo, género y deseo, entendido aquí como elección de objeto.

El sistema clasificatorio sexo-género-deseo es imperfecto, pero contribuye a poner un cierto orden y generalización a las experiencias vividas. Pero no es tan fácil. Esos tres conceptos pueden ser concebidos como variables continuas o binarias, según cómo nos interese. Así que la experiencia personal derivada de esa variabilidad es amplísima. En este campo, se hace necesario distinguir la experiencia de cada persona, diferente a la de los demás, de las categorías generales derivadas de la estructura humana, que no son un menú infinito de libre disposición. Somos seres que pertenecemos a la misma especie. Diferentes y muy parecidos. Seres corporeizados que podemos conocer y comprender la experiencia y la mente de otros. Ya he mencionado que solo el narcisismo de las pequeñas diferencias explica que un pequeño cambio anodino, aunque tal vez interesante, curioso o divertido, pretenda convertirse en categoría, jerárquica y excluyente destinada en realidad a obtener beneficios políticos o económicos. La mente, no lo olvidemos, puede producir cualquier idea. Desde las más sublimes hasta las más mezquinas, desde las más inteligentes hasta las más absurdas. Esa es su grandeza y su miseria. Hay personas que hablan o establecen categorías de género cuando, en realidad, están describiendo su propia realidad psicológica a la que quieren convertir en objetiva. No tiene que ver con la ontología humana, no tiene que ver con lo que somos. Se trata de experiencias que, mientras no lleven a violencia o exclusión, pueden ser válidas, pero no por ello han de ser respetables o sensatas ni están legitimadas para convertirse en categorías humanas o merecedoras de derechos políticos, más allá de los que merezca toda persona por el hecho de serlo. Puede entenderse esta conducta como un deseo, pero no más. La aceptación de las ideas y experiencias de género que una persona sostenga pertenecen a su intimidad, y se han de aceptar mientras no se conviertan en acciones que lesionen derechos de terceros. Aceptar ese obvio derecho no implica creer en él. Asimismo, asumimos el derecho a que una persona se sienta cristiana sin que los demás tengamos que creer en la Santísima Trinidad, ser considerados cristianofóbicos ni ser demandados por el daño causado a esos propios cristianos según las reglas que ellos mismos habrían establecido como delito de odio.

Toda persona desarrolla una particular imagen mental de sí mismo. Es un modelo de ser humano con el que da sentido a su complejo mundo interior, siendo tal identidad la esencia de su vida cognitiva, afectiva, emocional y conductual. Tanto la identidad personal como la de género son representaciones simbólicas de subjetividades que van desarrollándose a lo largo del ciclo vital, pero, por lo general, manteniendo una base que se construye en los primeros años de vida.

Aunque el género exista a partir de la dicotomía sexual, su variabilidad es continua, no digital. Es lógico, ya que se trata de una experiencia íntima, sobre la que —por otro lado— lo sexual está muy lejos de ser una influencia unívoca. Lo mismo ocurre con las prácticas eróticas que, aunque son variadas, su catálogo no es demasiado amplio en los seres humanos y no correlacionan con el sexo o el género. Se han ido modificando con la evolución desde las formas estables, cíclicas, instintivas e iguales para todos los miembros de una misma especie animal, hasta llegar a los seres humanos, en los que esas experiencias se convierten en más dependientes del aprendizaje y de las costumbres. Más innovadoras, no tan genitales, más personales.

Todo el proceso de adquisición y consolidación de la identidad de género se establece a lo largo del proceso de socialización a través de estereotipos, roles y la consecuente construcción subjetiva que cada persona realiza, dándole un contenido psicológico propio. La transmisión de tales informaciones se sustenta en los agentes socializadores. Además de la familia, la escuela, los grupos de pares y los medios de comunicación se encargan de difundir los contenidos psicosociales de la cultura. También la literatura desde los inicios del siglo XX. Desde el universal James Joyce a la española Elvira Martínez. Como he mencionado, identidades, diferencias y racionalidades configuran un complejo universo de género, sexualidad y compromiso con las que cada persona se sitúa frente al tema fundamental de lo humano: lo amoroso. El amor en su forma más básica y general, en términos de Humberto Maturana, es aquella posición que comprende al otro como un ser legítimo de pleno derecho tan solo porque existe. Sin más condición. Muy hermoso, pero nada fácil. La violencia siempre es posible, sobre todo de procedencia masculina. De ahí, que sea tan necesaria esa capacidad de neutralizarla gracias al desarrollo de una actitud que llamamos ternura. Ella nos permite simbolizar la aceptación del otro y su proyecto como ser humano. Supone un intercambio de identidades, de diferencias y no de complementariedades, que suele acabar en algún sistema de sumisión. Prefiramos el intercambio de diferentes igualdades.

Ser es deseo de amar y ser amado. A su vez, amar, venía a decir Jacques Lacan, es dar lo que no se tiene. Es reconocer la propia falta. El amor se comprende desde su mismo origen como un conflicto. No es dar lo que se posee a quien ni siquiera lo ha pedido, es dar lo que no se posee; algo que va más allá de uno mismo. Para eso, hay que asumir la castración, como decía Freud, tal vez de forma algo tremendista. Y ese estado es, metafóricamente, femenino. Amar feminiza. Tal vez por eso el hombre se resiente en su orgullo y desarrolla una cierta agresividad contra el objeto de su amor, porque siente que lo pone en una posición de dependencia. Por ello puede desear a mujeres que no ama para reencontrar una posición no vulnerable. Y, también por eso, algunas pueden desear a un hombre que las trate mal, pero al que no vean como débil y castrado. Dinámicas complejas, pero reales, y que a veces nos asustan.

El sistema de sexo-género-deseo describe un conjunto de disposiciones, conductas e ideas mediante las cuales toda sociedad transforma la sexualidad biológica, dice Gayle Rubin, en actividad humana significativa. En ellas, las necesidades sexuales, ya transformadas en realidades culturales, son satisfechas. Esta autora sostiene que una diferencia anatómica se transforma en una categoría de pensamiento que, como tal hecho biológico, no tenía. Eso es cierto e implica reconocer que esa diferencia establece la heterosexualidad como hecho fundamental de lo humano que permite la reproducción sexuada. Esto no descalifica la radical afirmación de Monique Wittig acerca de la heterosexualidad entendida como el régimen biopolítico, que asegura la reproducción de la explotación y dominación de las mujeres. Así sucede en la organización de la mayoría de las sociedades, y eso no incluye el simplismo de pensar que lo heterosexual implica esencialmente la explotación de las mujeres. La reproducción sexuada es, por definición, la unión de células sexuales con la mitad de los cromosomas que forman un ser genéticamente completo derivado de sus progenitores, pero diferente a ellos. Este es el hecho biológico que permite una reproducción eficaz y con enorme variabilidad genética. Sobre él, pueden organizarse diferentes sistemas de poder basados en el hecho biológico.

En este tema, Butler hace una observación pertinente, pero llevada a un extremo tan antibiológico que la desactiva. Afirma que no son los dos sexos quienes definen la distinción entre heterosexualidad y homosexualidad. Este planteamiento es erróneo de partida, porque ese dato biológico es el que se toma universalmente para establecerla. Con lo que sí es fácil estar de acuerdo es con su afirmación de que desde la heterosexualidad se define la diferencia entre los sexos. La condición heterosexual, al ser la dominante, está en el origen de la categoría de género y determina que sea vista como la lógica y necesaria. Sobre esta realidad sí se puede construir, y de hecho se hace, una organización social opresora.

¿Homo y hetero son categorías universales? Sí y no. En los primates, y en otras especies, existen las conductas homo y hetero, pero ellos, claro es, no lo llaman así. Para establecer esas categorías, hay que tener consciencia y reflexión. Por tanto, se trata de una construcción humana y cultural sobre un hecho biológico sexual: lo homo y hetero como conductas.

A la reflexión sobre la dinámica de sexo-deseo y género ha contribuido la reflexión de Butler sobre lo *drag*, bien en versión masculina o femenina: *drag queens* o *drag kings*. Estas situaciones se han planteado por ella como la esencia misma de la revolución política *queer*. Su propuesta es que esas prácticas sean el ejemplo a seguir por una revolución feminista que no sea acomodaticia.

Esta exageración hizo que se obviara la importante idea de que lo *drag* escinde la realidad sexual en exterior e interior en lo que se refiere a lo homo y lo hetero, a lo masculino y lo femenino y a lo fenotípico y lo genotípico. Lo *drag,* al jugar y exagerar con esas dualidades, al mezclarlas de forma tan rompedora, muestran lo que tienen de construcciones materiales e históricas en todas las sociedades. Pero no son un modelo de vida o de sexualidad o de identidad. Ni mucho menos superior a otros. Un ejemplo particularmente llamativo, bello y colorista son los grupos bororo en Níger. En ese grupo étnico, en fechas señaladas, los hombres adoptan una versión exagerada de belleza femenina para participar en un concurso, con el fin de ser elegidos como pareja sexual. Los hombres para gustar a las mujeres han de parecer mujeres. ¿No es maravilloso?

IV. Identidades, diferencias, racionalidades

Ninguna identidad cae del cielo. Ni es el producto de una decisión puntual ni es totalmente personal. Se va fraguando con el tiempo, la personalidad, la sociedad y las circunstancias que se viven. Y, como todo en la vida, tiene un componente de azar.

La diferencia fundamental de los seres humanos con otras especies animales es que poseen diversos recursos cognitivos, como los que Michael Tomasello distingue en el aprendizaje cultural. Los engloba en tres categorías de aprendizaje: imitativo, impartido y colaborativo. Nos centraremos ahora en el aprendizaje por imitación.

Imitación

La imitación es conocida desde la antigüedad como un instrumento fundamental del aprendizaje humano y, por tanto, de la construcción de sí mismo. Es un método que los etólogos han descrito minuciosamente estudiando la conducta en los primates más semejantes a nosotros. Es posible porque cada ser humano es capaz de comprender, desde bien pequeño, que los otros miembros de su especie tienen una vida intencional y mental como la de ellos. Implica que no solo pueden aprender del otro, sino también a través del otro.

La imitación es valiosa cuando se utiliza ese recurso para cultivar la propia singularidad con más primor, aumentando su creatividad y actividad. En definitiva, cuando no replica simplemente la personalidad o características del modelo. Ni loros ni monos.

En el terreno que nos ocupa, la imitación de los modelos masculinos por los hombres y la de los femeninos por las mujeres es lo más habitual. Y es útil y positiva. Es uno de nuestros grandes recursos para la construcción de la personalidad, pero no carece de riesgos. En ocasiones, esa imitación puede dar como resultado una hipermasculinización machista o, en el otro polo, una hiperfeminización hembrista. En las disforias de género o en algunas elecciones de objeto homosexual, puede imitarse la conducta opuesta a la prescrita que le fue atribuida al nacer. Así, un hombre homosexual puede imitar formas actitudes y conductas femeninas; y la mujer, masculinas. Pero también puede darse lo que podríamos llamar una contraimitación, en la que para luchar contra una identidad que se siente ajena, se crea la otra que, en definitiva, la imita, aunque sea exagerándola. Es la misa negra como contraimitación a la misa cristiana; o una *drag queen* que, desde lo masculino, parodia lo femenino. En ambos casos, se cae en el peligro de toda imitación: la obediencia y la creencia de que el modelo a imitar es, al final, superior al que uno mismo posee. Eso implica el riesgo de alienación personal, de envidia y depresión cuando se llega a constatar que la imitación no llega a ser igual o superior a lo imitado. Recordemos que algunas autoras *queer* han hablado muy a favor de esa imitación paródica como una posición capaz de subvertir la división en géneros. Es cierto que en ocasiones resulta subversiva y crítica con los sistemas rígidamente heterosexuales. Eso ocurría cuando se hizo popular en las corrientes LGTBIA+ que surgieron en los años ochenta.

Rápidamente desgasta su capacidad de actividad militante para convertirse en espectáculo folclórico.

Racionalidad

Es necesario apoyar los desarrollos y realidades sexuales, de género y de deseo con los que se constituye la propia subjetividad de una forma racional y no mágica. Y no es fácil, dado que aunque somos seres racionales, la mayoría del tiempo estamos en rutinas que no necesitan pensamiento o nos entregamos al dominio de la emocionalidad. Es bien sabido que en la actualidad la inteligencia emocional, o simplemente lo emocional, se propone socialmente como la forma deseable de relación humana dejando de lado la lógica, la razón y la reflexión. El sistema social lo estimula, hasta con másteres universitarios, encantado con una realidad que se base en lo irracional e impulsivo. Es su terreno de dominio.

Vivir de forma racional no es fácil. Hasta Inmanuel Kant, ejemplo de racionalidad, método y rigor incluso obsesivo, pensaba que la razón era muy limitada y, a la postre, podía justificar todo. Hasta aquí iba bien el filósofo, pero luego patina cuando se rinde ante las dificultades y entrega su razonamiento a la consideración final de un ser divino.

La racionalidad puede llevar a justificar todo. Recuérdese que el holocausto fue pensado como una solución final racionalizada y bien organizada al «problema judío».

Hay que quererla, criticarla y también defenderse de sus excesos. Un caso de conexión perjudicial entre pensamiento y razón es lo que hábilmente describen las feministas llamadas anticolonialistas. Su análisis desde la situación de sociedad colonizada o excolonizada es diferente al europeo. Critican cómo los avances del Siglo de las Luces y su defensa de la razón y la ciencia, aplicados a las situaciones de los países colonizados o excolonizados, han llevado a situaciones, con frecuencia, terriblemente injustas y violentas. En el caso de las mujeres, se agrava aún más su situación de opresión y desigualdad. Muchas de las intervenciones colonialistas en Asia, África y América fueron propuestas como una forma de llevar la racionalidad y la democracia a la occidental a esos países. El resultado es bien conocido.

Desde fuera de Europa, las posiciones pueden ser muy distintas. Houria Bouteldja, por ejemplo, niega uno de los principios del feminismo occidental: mi cuerpo me pertenece. Ella, por el contrario, afirma que pertenece a su familia, al clan, a la raza, a Argelia y al islam. No concibe su cuerpo como su propiedad. No estamos ante realidades objetivas. Hay que recordarlo.

Luego han aparecido ideas más complejas y sutiles. Para Kimberlé Crenshaw, por ejemplo, ninguna opresión (sexo, género, clase, raza, cultura) puede ser analizada por separado, sino en una interrelación compleja y variable que no puede ser jerarquizada. Todas esas situaciones de injusticia se afectan, se influyen, se potencian, se contradicen, se neutralizan... y así hay que abordarlo, por complicado que sea.

El feminismo ha venido planteando un cuestionamiento sistemático de las sexualidades y lo hace también con la heterosexualidad canónica, que siempre ha querido estar por encima de los análisis como si fuera la natural. Es cierto que tiene una sólida base biológica y es la más frecuente, pero las demás también son naturales en cuanto que existen. Tiene razón ese movimiento cuando afirma que toda posición sobre sexualidad o género es también una propuesta ideológica que produce atribuciones de poder. Hay autoras, Adrienne Rich es un ejemplo, que afirman que la heterosexualidad en realidad ha sido, y aún es, una obligación para todas las mujeres. Habría que añadir que también para los hombres. Es el caso, por ejemplo, del personaje que interpreta Paul Newman en la película *La gata sobre el tejado de zinc.* Un hombre despreciado y despreciable porque, a su vez, desprecia a su mujer, representada por Elizabeth Taylor, porque le sitúa de cara a su latente homosexualidad. A cambio de la conformidad con el modelo tradicional se obtiene seguridad. Es fácil estar de acuerdo con el inicio del análisis de Rich. Luego, ya no. Pasa del análisis de la opresión de las conductas homosexuales o no normales a la condena de la heterosexualidad a la que considera no natural y esencialmente opresora. Toda relación hombre-mujer sería, en definitiva, el producto de una coerción. Se llegó a decir que toda penetración era una violación. Y si todo es coerción nada lo es y, al final, esa posición es estéril o ridícula. Indudablemente, todo orden social anima y presiona a que la gente se comporte en toda dimensión, y particularmente en lo sexual, de acuerdo a lo que el poder necesita. Desde la mina hasta la cama. Pero de ahí a sostener que lo heterosexual es una forma intrínseca de opresión de la mujer... Tal vez sea más real decir, como señalaba Lacan, que un hombre es un estrago para la mujer; y la mujer, un síntoma para el hombre. Malas cosas ambas. Incluso peor si se igualan: ambos estragos, ambos síntomas.

Estas propuestas suelen venir de ámbitos en los que se puede hablar o publicar sin tener que ajustarse a ninguna base real ni asumir las consecuencias. Aunque no tengan gran impacto, desprestigian las teorías feministas y hacen que se pierdan algunas ideas que tienen mucho interés.

Material de construcción

Uno de los más importantes y complejos temas para los seres humanos es cómo comprender la diferencia entre cuerpos sexuados y seres socialmente construidos. En lo que se refiere al género, eso va a ser fundamental. Tal vez el mayor resumen que se pueda hacer es que lo social depende parcialmente de lo biológico y lo biológico de lo social. Hay que discriminar. Incluso la objetiva ciencia médica considera el infarto, el ictus o la diabetes con datos, proyecciones y evoluciones generales y no suele tener en cuenta el sexo de esos enfermos. En estas complicadas coordenadas hemos de movernos. Tan complejo, que encontramos posiciones opuestas y extremas que son inútiles, ya que no se acoplan a lo que, hoy por hoy, sabemos de la naturaleza humana. Claro que, si se predica que no hay naturaleza humana, entonces no hay nada de lo que se pueda hablar. Algunas autoras afirman que esas diferencias no existen y lo que observamos tan solo son productos ideológicos destinados a perpetuar el dominio masculino y patriarcal. Otras afirman que establecer una jerarquía binaria está destinada a que una de ellas sea la inferior: la de las mujeres. Incluso algunos autores y autoras han tratado de imaginar un mundo sin diferencias de género, pero no han llegado muy lejos.

Aunque algunas de estas posiciones no resultan sensatas por su extremismo, otras sí son útiles para mostrar la necesidad de hacer precisiones y definiciones cuidadosas y no utilizar generalidades de *magazine* semanal ni consignas para animar con facilidad un escándalo destinado a la agitación política. Lo que es indudable es que, a pesar de alguna teoría bizarra, el feminismo ha ido logrando que la situación de las mujeres haya mejorado mucho en los últimos siglos, aunque la opresión y violencia contra ellas esté muy lejos de decaer, incluso en la sociedad cultural, económica y tecnológicamente más avanzada. No se puede dejar de recordar que, a pesar de excesos y errores, la revolución feminista ha sido una de las más importantes y exitosas de la historia de la humanidad. El feminismo —entendido como los diversos modos de pensamiento, relaciones y mediaciones (sociopolíticos, culturales e institucionales) que se crean para intervenir en el sistema ideológico y sociopolítico, con especial énfasis en el legislativo, construido alrededor de la opresión de las mujeres— forma parte ya del Patrimonio de la Humanidad. Eso ha llevado a crear lo que podríamos denominar sujeto feminista, que conforman las personas, mujeres de forma mayoritaria, que acumulan una experiencia prolongada de lucha en favor de su igualdad y su libertad.

Cada vez más personas van considerando que no es correcto igualar —que con tanta frecuencia se hace— el concepto de género con el del sexo ni el concepto de mujer con el de feminismo. Un reciente ministro de Universidades de España decía en una entrevista que la Universidad española tenía un problema de género. Todo indicaba que se refería a un problema con la enorme discriminación de las mujeres en esa institución. Es un error decir violencia de género en lugar de decir violencia machista. O decir política de género en lugar de decir política de igualdad. Género tenemos todos, pero no todos sufrimos desigualdades. Como sujetos sexuados, decía Donna Haraway, tenemos alguna posición acerca de a qué género sentimos pertenecer, ya que eso se apoya en el complejo biológico y cultural que enmarca nuestras vidas. Por eso no se puede hablar de perspectiva de género, ya que es anodino. Todo el mundo —hombres, mujeres y *et al.*— tiene una perspectiva al respecto. En ningún caso es algo de mujeres. Indiscutiblemente, son ellas las más interesadas, ya que han sido las perdedoras de la evolución histórica. Puede haber tantos géneros, experiencias subjetivas, como personas. Pero no así de sexos. De esos hay dos, y unas variantes bien conocidas, pero poco frecuentes, productos de alteraciones en los cromosomas, en las hormonas, en el desarrollo anatómico fetal o postnatal. Decir de ellas que son otro sexo es una posición ideológica que poco tiene que ver con la ciencia en general y la biología de la reproducción, que es para lo que vale el sexo. Lo de la diversión viene después… cuando viene.

Biopoder

Estamos ahora cercanos a lo que sostenía Foucault de que la sexualidad y el género son dos sistemas separados de estratificación y de prácticas sociales. Se experimentan de forma distinta según la historia y la cultura donde tienen lugar. Toda realidad biológica y, por tanto, toda práctica sexual, está rodeada de controles sociales ejercidos principalmente sobre las mujeres, mediante la religión, el Estado y, en la actualidad, por las prácticas médicas regulatorias de la reproducción. Eso es lo que se denomina biopoder, del que han hablado, primero Foucault y más tarde Rubin, con precisión. Para Foucault, el biopoder es la capacidad de hacer morir o dejar vivir. Ya he mencionado que el poder no es una esencia represora, sino una posición en las redes de relaciones sociales que permite a quien está colocado en ellas actuar, por un tiempo, con impunidad. Es el poder de regularizar la vida. La administra. En el neoliberalismo, aplicado al tema de sexo y género que nos ocupa, supone que está permitiendo y gestionando a su conveniencia las ideas y prácticas y, para ello, puede confrontar tanto las ideas más retrógradas como las más rompedoras del movimiento *queer.*

Las dimensiones físicas y corporales de los seres humanos son una fuente de poder inmensa. Tal vez, la mayor. Todos los sistemas políticos han usado, y abusado, de esas características. La dimensión sexual no es una excepción, sino uno de sus más notables ejemplos. El biopoder generado alrededor de lo sexual se puede convertir en un campo de actividad militante que se establezca como la visión más política de todas las de los movimientos feministas. Foucault primero y Butler más tarde se convirtieron en los autores fundamentales en esa teorización y fueron consiguiendo transformar la concepción de que los seres humanos tenían, acerca del sexo, elección de objeto y género; y, más allá de eso, acerca de sí mismos como sujetos en construcción.

El biopoder evidente, a través, por ejemplo, del control de la reproducción, del gozo corporal, de la eutanasia o de la elección de objeto de deseo, fue sustituyendo al poder soberano de origen divino de la época industrial. Políticas del cuerpo, políticas de biopoder. El film *Matrix* plantea algo así al describir un universo que gana energía extrayéndola de los cuerpos de los seres humanos dormidos o mantenidos en una especie de hibernación.

Las variables corporales: piel, raza, sexo, fuerza, reproducción, edad, apariencia, salud... se convirtieron en el centro de las prácticas políticas y disciplinarias, al tiempo que perdían poder revolucionario y empezaban a ser absorbidas por las prácticas consumistas neoliberales.

Para Foucault, el poder, no solo el biopoder, tiene dos características interesantes para todo activista. La primera es que es una posición en una red de prácticas y discursos. Lo importante de esta concepción es que no es algo que se gana o se pierde, no es algo que se tiene o no se tiene. Se ejerce mientras se está en una posición en la red social en la que eso es posible. Por tanto, se puede cambiar gracias a la actividad militante. La otra idea fundamental es que todo poder genera un contrapoder, una resistencia. Así que la lucha política siempre es posible, no solo deseable. Es algo que a veces se olvida en las prácticas políticas.

El cuerpo y la sexualidad se convierten en campos políticos definidos y disciplinados para la producción y la reproducción. De tal suerte que las mujeres, a diferencia de los hombres, son su cuerpo que tiende a serle expropiado y definido a partir de su destino reproductivo. Recordemos *El cuento de la criada*, de Margaret Atwood.

En su ya famosa frase, Beauvoir decía: «No se nace mujer, se llega a serlo». Plantea el sexo como algo anatómicamente distintivo sobre lo que se realiza la construcción cultural que llamamos género. Es una frase poética tan eficaz que impide ver sus implicaciones. No se nace mujer. Ni hombre, ni nada. Un infante humano no es nada de eso. Solo tiene un tipo de biología y anatomía que lo conducirá hacia una definición, masculino o femenino u otros estados intermedios, y habrá de llegar a elaborar su identidad personal, que será satisfactoria o renegará de ella. Pero una pregunta aparece: ¿qué papel juega la acción personal en su construcción? Esto es, ¿hasta qué punto nuestros géneros están producidos por la cultura y la biología, y en qué medida los producimos nosotros? Parece claro que cada persona va proyectando lo que quiere ser al tiempo que asume el modelo, femenino o masculino, que la sociedad distribuye. La revolución feminista, precisamente, ha consistido en proporcionar las condiciones que permitan que casi las mujeres de todo el mundo puedan ir ampliando lo más posible su capacidad de elaboración y de agencia, sus definiciones y singularidades.

Hay quien sostiene que Butler va, a este respecto, más allá que Beauvoir. Creo que no es el caso. Tal vez esa idea provenga de que Butler propone tanta multiplicidad de géneros como se quiera. Pero, precisamente, esa proposición la sitúa más «acá», ya que la posición de la pensadora francesa, aun en su indefinición y a veces antirrealismo, da más margen a la posibilidad de llegar a ser lo que se quiera ser. Su afirmación básica era que el carácter social de la construcción de la mujer se daba en un contexto en el que, a partir de diferencias corporales y sexuales, se creaba su subordinación social. Y esa observación permite una clara lucha de emancipación.

Una mujer y un hombre

Cuando los paleontólogos desentierran restos humanos de los diversos *homos,* con un trocito de hueso pueden saber si esos restos pertenecen a un hombre o a una mujer. Situado ante un cerebro sobre una mesa, un neurocientífico podría decir si pertenece a un hombre o a una mujer. Pero si viera a un hombre o a una mujer viviendo, actuando, no podría deducir qué tipo de cerebro tiene. ¿Qué quiere decir esto? Que aunque existen diferencias anatómicas y funcionales entre ellos, en su conducta y práctica de vida no podemos observar nada esencial. En otras palabras, solemos saber que un hombre es un hombre y que una mujer es una mujer, pero no en qué consiste esa diferencia. Y todas las que se han definido como tales: carácter, talento, personalidad... son productos ideológicos formados por deseos, prejuicios y experiencias parciales. O banales. La ideología de la izquierda ha restado importancia a las diferencias biológicas entre los seres humanos. La derecha las ve claras e insalvables. Ambas se sitúan en posiciones absolutas. No es posible que todas esas diferencias sean irrelevantes. Ha de haber dimensiones que sean importantes. Lo biológico nos dice que hay genes, hormonas, órganos, epigenomas y corporalidades que son distintos. Pero no hay una línea directa entre estos fenómenos, la experiencia y la conducta. Tal vez haya que sostener finalmente que la naturaleza marca, pero no de forma muy sustantiva, y no explica la brecha entre hombres y mujeres, que correlaciona más con las prácticas de crianza y la estructura social. Todo lo cultural también ha de tener base biológica para que exista. Somos, decía Clifford Geertz, un animal inserto en tramas de significación que hemos tejido. Los cuerpos absorben los significados, y por eso somos diferentes y no lo somos. Sostener que el cuerpo, lo biológico, no tiene nada que ver con el género es puro espiritualismo. Imposible angelismo. Sostener que está determinado solo por lo biológico es un pobre materialismo.

La experiencia y expresión de lo masculino y lo femenino es diferente en cada cultura. Recuerden la historia de los habitantes de aquella isla del Pacífico y el aeroplano: ¿es macho o hembra? En todas las culturas hay alguna base común: uno se sabe hombre o mujer, aunque no sepa definirlo y no coincida con el cuerpo ni con el sexo que se tenga.

Si definimos la personalidad por las actitudes, la corporalidad, el erotismo y la inteligencia no podemos encontrar diferencias asociadas al sexo. Las que se ven son, obviamente, culturales. Hay menos mujeres premio Nobel porque han llegado a los estudios más tarde y por los sesgos contra ellas. Tengamos en mente a María Salomea Sklodowska, que hubo de recibir dos premios Nobel para reafirmar que el talento lo tenía ella, no tanto su esposo, Pierre Curie. O a Rosalind Franklin, cuyos estudios radiográficos del ADN fueron fundamentales para que James Watson y Francis Crick descubrieran su estructura helicoidal. Fue ignorada por completo en la concesión del premio Nobel. Recordemos un fragmento del poema «Si...» («*If*—»), de Rudyard Kipling. «Tuya es la Tierra y todo lo que hay en ella, y —lo que es más—: ¡serás un Hombre, hijo mío!». Leámoslo en clave femenina. Ningún cambio. Es igual de válido.

Tampoco la belleza parece ser una clave completa para la elección de objeto: uno puede admirar un objeto bello, pero amar a uno no tan bello, aunque sí valioso. En una canción, Joan Manuel Serrat realiza una vívida descripción de las características físicas de una mujer para concluir diciendo: «Me gusta todo de ti...; pero tú, no».

¿Cómo sabe usted, señor, que es un hombre? ¿Cómo sabe usted, señora, que la persona sentada a su lado es un hombre? ¿Y cómo sabe si se trata de una mujer? Verá que la respuesta no es fácil, ni precisa. Tal vez sea porque esa otra persona ocupa sutilmente otros modos de ser o, tal vez, sea hombre al recibir el deseo de una mujer o, tal vez, se pueda decir que una mujer es lo que un hombre no es. O tal vez...

Varón y hembra. Se puede decir sexo masculino o femenino sin que eso implique identidad masculina o femenina necesariamente. Tenemos identidad sexual, identidad de género, elección de objeto de deseo y roles masculinos o femeninos, ideologías feministas o no... Una complicada dinámica que nos exige y permite ser iguales y diferentes según en qué temas o circunstancias. En las leyes, sin duda, iguales; en la cama no hace tanta falta. Cuando la diferencia entre ambos se va diluyendo, como ocurre imparablemente en nuestras sociedades, la reacción defensiva puede consistir en desarrollar, a través de la política, la moda, la ciencia, los medios de comunicación, las costumbres y la publicidad, estrategias de diferenciación que son necesarias. Para que todo el mundo sepa a qué atenerse, ya que en la realidad no se ve nada esencial.

Si tratamos de precisar un poco más, podemos decir que un hombre es el producto de ser y estar en un cuerpo masculino, que es un modo de género culturalmente estable y el producto de la interacción con otros que se definen como tales. Una corporalidad narrativa. Lacan decía que la diferencia entre ambos se apoyaba en el gozo. En el hombre, fálico; en la mujer, relacional. Y no son fáciles de articular. Luce Irigaray afirmaba que la fascinación por lo sexualmente diferente hace que ambos puedan encontrar un espacio de relación y atracción diferente e igualitario. Lo primero atrae, lo segundo acoge. Pero no las jerarquías. Si alguien es jerárquicamente superior, sea masculino o femenino, acabará siendo masculino. En el poder todo acaba por serlo. ¿Es el caso de Margaret Thacher o Angela Merkel?

Un hombre positivo, activo, igualitario, comprometido, responsable, participativo, valiente y divertido puede crear un pacto de relación más pacífico, más justo, más bello, más gozoso para todos. Una vulnerabilidad compartida de quienes se saben frágiles. Eso creará procesos de vida que generen, con el tiempo, incluso nuevas estructuras neurobiológicas. Aún estamos lejos de eso.

¿Qué es un hombre hoy por hoy? No tengo ni cultural idea. La masculinidad y el machismo acabarán por disiparse, pero no así la diferencia entre lo masculino y lo femenino.

De la violencia machista

Una mala solución al problema de la desigualdad y el machismo es dictaminar que los valores y conductas de lo femenino son los buenos, verdaderos y objetivos, y pretender que los hombres hayan de adoptarlos. Esta posición suele ejemplificarse en la petición de que ellos busquen su parte femenina. Absurdo y cursi. Si no se sabe qué es un hombre, tampoco lo que es una mujer. A no ser que se crea que cualquiera de ellos son algo objetivable y esencial. Sí parece claro que la influencia del movimiento feminista ha hecho que los hombres hayan perdido parte de su injusto poder y privilegio. Muchos pueden sentirse, por ello, impotentes y amenazados. Y, por tanto, aumentar la posición machista tradicional: un ser brutal, zafio e ignorante. Lacan decía que el pene ofusca el entendimiento, haciéndolos mucho más sensibles al valor narcisista del prestigio. Por ello, se sitúan en formas de entendimiento y conducta que van de lo ridículo a lo inaceptable, pasando por lo peligroso. Muchas mujeres lo han dicho con menos carga teórica, pero con mayor contundencia: los hombres piensan con la polla. Esta vanidad narcisista los hace muy vulnerables a cualquier fallo, a cualquier fracaso y a cualquier frustración que puede llegar desde muchas circunstancias y en cualquiera de las áreas de la personalidad. Como si esas experiencias los llevaran a la reactivación de una antigua angustia de castración, por decirlo en términos psicoanalíticos clásicos. ¿Soy un hombre o una mujer? Esta pregunta está, especialmente en ellos, en la base de la neurosis obsesiva. Y no poder responder de forma unívoca altera a muchos que desconfían de poder ser el deseo de una mujer. Es una insatisfacción que, en una u otra medida, acompaña siempre a la masculinidad.

Es posible que lo testosterónico suponga una cierta tendencia biológica a la agresividad. Pero no a la violencia. La agresividad es el modo de vivir en la naturaleza. O comes o eres comido. Y comer es destruir. Sin embargo, la violencia solo es humana. No es natural, tiene un significado que siempre remite, como decía Gandhi, a un estado de carencia y debilidad, a una fisura en las propias creencias y al desprecio de sí. Altera y corrompe la totalidad de lo humano. La violencia siempre supone una brutal negación de la existencia de un otro independiente. La educación, la crianza, la abundancia no son antídotos contra la agresividad, aunque sí puedan ayudar en su control. John Bowlby y Boris Cyrulnik describen dos evoluciones básicas en nuestro desarrollo emocional. Por un lado, están aquellos cuya crianza transcurre desde la calma consoladora hasta llegar, de adultos, a la experiencia y a la expresión de ternura. Y por otro, los que desarrollan una aprensión tensa que podrá acabar, en la edad adulta, en conductas violentas. Estos desarrollos tienen lugar en el seno de las relaciones familiares, especialmente en las relaciones materno-filiales más tempranas. El desarrollo emocional que nos conduce a la ternura o a la violencia no se da como resultado de experiencias puntuales, sino de experiencias repetidas en la familia: la gama de sentimientos prescritos y proscritos, las técnicas de control de conducta entre los miembros de la familia, el estilo y el contenido de la comunicación, los modelos que se practican, la estructura, organización y jerarquía del sistema familiar. El apego es esta capacidad que nos permite compartir experiencias, sentir que podemos ser como somos con otra persona. En muchos sentidos, la intimidad y la exposición son primas hermanas. Es imposible intimar con alguien sin asumir ciertos riesgos al exponernos y compartir parte de lo que somos con esa persona. Comporta, por tanto, un peligro, y por eso a veces es tan rápido el paso del amor al odio.

Llegados a este punto, es importante señalar que para todo ser humano, pero especialmente para el varón, la violencia siempre es una posibilidad, dado que elaborar pérdidas, rechazos, frustraciones no es fácil. La neutralización de esta tendencia se activa a través de la aceptación, la tolerancia, el perdón y el olvido. Pero no hay un método claro, determinado y sencillo. Los fracasos pueden alterar la identidad personal, esa que nos hace creer que somos quienes somos.

V. Paseo por el amor y la genética

La dimensión biológica sexual está en la base de la reproducción, el placer y la evolución. Es el origen primero de la identidad, del poder y también, a veces, de la desgracia. Cuando desde un pensamiento conservador o desde algún tipo de feminismo radical se quiere negar su importancia o su existencia, solo se consigue deteriorar la situación de la mujer. El sexo genético tiene muchas dimensiones que, como todo lo humano, pueden ser discutibles, pero no negables.

Es importante tener en cuenta algunas de las ideas fundamentales de la genética para poder comprender cuál es el camino que vincula lo biológico del sexo con lo social del género.

La diferenciación sexual

Las células humanas tienen 23 pares de cromosomas. En cada par uno viene del padre y otro de la madre. Uno de los pares de cromosomas no es igual a los demás. Es al que se da el número 23. Es el que determina el sexo genético. Como es bien conocido, uno de ellos tiene forma de Y; el otro, forma de X. Las hembras tienen dos cromosomas X y los varones un cromosoma X y otro Y. Por eso el sexo de la descendencia depende del cromosoma que aporta el padre. Esta descripción, siendo cierta, no hace justicia a la complejidad de la dotación, funcionamiento y expresión genética sexual de los seres humanos. Hoy sabemos —y desconocemos en igual proporción— que existen una gran cantidad de genes que parecen silentes, pero que sin duda no lo son y poco a poco se van desentrañando nuevos mecanismos genéticos. Tal vez uno de los más importantes sea la transposición de genes de un cromosoma a otro que, en definitiva, cambia la dotación genética de la que se partía. Así mismo, va a ser fundamental la función, aún no bien conocida, de lo que se vienen llamando elementos epigenéticos: un conjunto de reacciones químicas y modificaciones estructurales que modulan la expresión fenotípica de la mayoría de los genes. Los modifican sin ser ellos propiamente material hereditario. Sin embargo, y para hacer las cosas más complejas, alguno de los elementos epigenéticos sí pueden transmitirse a las siguientes generaciones. Es una posibilidad de cambio y evolución asombrosa y revolucionaria. Esos mecanismos nos hablan de modificaciones genéticas no producidas por genes. A través de ellos, el medio ambiente es capaz de actuar directamente sobre la determinación hereditaria, que es la que hace particular a cada persona. Es una posibilidad que la ortodoxia biológica consideraba hasta hace poco inimaginable. O lo que es lo mismo, el sexo cromosómico puede tener evoluciones que dependen de condiciones no biológicas. La importancia de los procesos epigenéticos es que generan sensibilidad al medio ambiente transmisible a la herencia. Es este un hecho muy relevante para las ideas de este libro. En algunos animales, peces y reptiles, la diferenciación final en macho o hembra depende de la temperatura del medio. (Hay especies a las que les afecta la temperatura, la intensidad de la luz, la época del año o la cantidad de alimento disponible). Una vez que se determina, suele quedar tan fijado como en las especies con determinación puramente genética. No es que esto suceda en los humanos, aunque sí que es posible que procesos de este tipo afecten a la eficacia de las prácticas de reproducción asistida. Lo relevante es que incluso en seres muy alejados en la escala evolutiva el medio tiene algo que decir en la determinación de la sexualidad. Sexo, deseo, elección de objeto tienen una compleja génesis. Como en otros campos de la ciencia, la genética de la sexualidad está descubriendo posibilidades y variaciones que, como hizo la píldora anticonceptiva, cambiarán la deriva de nuestra especie.

Entre los vertebrados, la sexualidad se expresa de formas diversas. Machos y hembras manifiestan peculiaridades distintas de orden químico, anatómico y conductual. La divergencia más obvia se da en la actividad copuladora. En general, los individuos dotados de testículos intentan la inseminación (comportamiento macho típico), mientras que los provistos de ovarios son receptivos a la inseminación (comportamiento hembra típico). Sobre esta realidad se asientan las innumerables y, en ocasiones sorprendentes, actividades de cortejo y cópula. Machos y hembras también suelen diferir en otros aspectos ya menos patentes y decisivos, como son el grado de actividad, regulación del peso corporal, nivel de agresión y pautas de aprendizaje.

Decía Charles Darwin: «En los animales cuyos sexos están separados, los machos difieren necesariamente de las hembras por sus distintos órganos de reproducción, que constituyen los caracteres sexuales primarios. Pero, además, los sexos difieren por lo que John Hunter ha llamado caracteres sexuales secundarios, los cuales no están directamente relacionados con el acto de la reproducción». Se refería a que los colores brillantes hacen ser a los machos muy visibles y a que las grandes plumas o cornamentas son incómodas. Eso, en el mejor de los casos. No parecían ser útiles para la supervivencia. Darwin propuso que tales rasgos surgieron por selección sexual que no depende de la lucha por la existencia, sino de una lucha entre los machos por la posesión de la hembra.

Los humanos somos bastante buenos detectando el sexo de los individuos de nuestra especie. Por muy grandes que sean las variaciones y haya individuos machos o hembras que son distintos a la mayoría, no solemos confundirnos y no los consideramos un tercer sexo. Algunas veces no es fácil discernir: todo depende de en qué medida los caracteres de uno y otro se solapen, ya que la variabilidad dentro de cada grupo puede llegar a ser bastante grande. Si nos fijamos en el comportamiento, la cosa se complica mucho más. Ni la manera de comportarse ni la apariencia son rasgos de los que nos podamos fiar. ¿Implica esto que hay más de un sexo? La realidad es que los cromosomas no son macho ni hembra. Estas estructuras de ADN no son en sí mismas masculinas o femeninas. Más que en los cromosomas, deberíamos tratar de definir el sexo atendiendo a los patrones y formas de expresión de estos genes. La cascada de señales en la determinación del sexo es tan extensa y tiene tantos puntos clave que, centrarse solamente en una parte del proceso para definirlos, nos deja con respuestas bastante arbitrarias. Pero este hecho no parece suficiente para poder afirmar que hay más de dos sexos. Más bien, nos indica que las formas en que los animales adquirimos nuestros caracteres son muy complejas y que pequeños detalles pueden dar lugar a la aparición de caracteres menos frecuentes.

A la hora de reproducirse y formar un nuevo individuo, toda esta complejidad se puede reducir a la existencia de unos individuos que suelen ser distintos en dotación genética y que tienen que juntarse de alguna manera para intercambiar esa dotación y generar un nuevo individuo. Cuando hablamos de reproducción sexual, hay algo común en la gran mayoría de las especies: la existencia de dos tipos de células sexuales que producen lo que llamamos gametos: óvulos y espermatozoides que habrán de unirse para que comience el desarrollo de un nuevo ser. Existen individuos encaminados a generar unos gametos —los óvulos— grandes, costosos de producir y, generalmente, inmóviles. A los individuos que producen este tipo de gametos los llamamos hembras. Otros gametos —los espermatozoides— son muy frecuentemente móviles, más pequeños y baratos de fabricar. A los individuos que producen este otro tipo de gametos los llamamos machos. Una descripción ciertamente poco romántica.

Los humanos estamos condicionados socialmente para considerar el sexo y el género como atributos binarios. Desde el momento en que nacemos, o incluso antes, somos etiquetados categóricamente como niño o niña. Pero podemos ver que la ciencia apunta a una realidad más ambigua. La determinación del sexo biológico es asombrosamente compleja, pues no solo tiene que ver con la anatomía, sino con una intrincada orquestación de factores bioquímicos y genéticos que van actuando a lo largo del tiempo y que generan lo masculino y lo femenino. Los individuos intersexuales, aquellos en los que el desarrollo sexual adopta una trayectoria atípica, se caracterizan por poseer un abanico diverso de condiciones singulares no asimilables a la dualidad básica. Un ejemplo es la carencia de la enzima 5-alfa reductasa, que produce estados intersexuales en los varones. Cuanto más sabemos sobre ello más parece que, aun dentro de la dualidad básica, la deriva final hacia macho o hembra se da en forma de un amplio espectro de casuística que, aunque poco frecuente, no es menos real.

Muchas teorías del campo conservador o del campo progresista intentan simplificar todos estos difíciles procesos y no bien conocidos para que concuerden con sus posiciones políticas. Lógico, pero aberrante.

Anomalías del desarrollo

En la reproducción sexual, el proceso llamado meiosis crea células germinales —óvulo y espermatozoo— que poseen un solo cromosoma. Al unirse en la fecundación, el embrión resultante vuelve a tener dos cromosomas, uno de cada progenitor: XX o XY. Un genotipo de hembra o macho que da seres femeninos o masculinos. Este fino proceso puede tener problemas y puede acabar produciendo variantes. Muchas no son viables y acabarán en abortos, algunas en malformaciones y otras en alteraciones con más o menos problemas, pero compatibles con una vida normal. Estas alteraciones en la forma o en el número de los cromosomas sexuales producen variantes personales que hoy se conocen relativamente bien. Las anomalías relacionadas con los cromosomas X e Y pueden afectar el desarrollo físico y producir infertilidad, problemas en el crecimiento y, en algunos casos, en la conducta y el aprendizaje. No obstante, muchas de las personas afectadas llevan una vida relativamente sana. Estas alteraciones no son frecuentes, porque la evolución se encarga de ir eliminando las que cursan con grandes complicaciones. Eso no pasa con las que son viables, como las que observamos en los llamados síndrome de Klinefelter, síndrome de la doble Y, síndrome de triple X o síndrome de Turner. Si bien son poco frecuentes, su incidencia puede llegar a estar alrededor de un caso cada 2.000 nacimientos.

Para la medicina, toda aberración cromosómica se trata de un error o alteración en algunos de los pasos de la transcripción genética, producida durante la meiosis de las células sexuales o en las primeras divisiones del óvulo fecundado o del embrión. Estos defectos no son reparados por los sistemas de control que tienen las células para luchar contra las malformaciones genéticas. Cuando estas alteraciones se dan en el cromosoma 23, el que codifica la diferencia sexual, se producen las anomalías mencionadas. Esos procesos de diferenciación están resultando mucho más complejos de lo que se creía. Ya se han descrito en los cromosomas sexuales más de treinta genes implicados.

El sexo genético se determina en el momento de la fecundación, pero el desarrollo del sexo gonadal es el producto complejo de procesos que ocurren mucho después, en momentos críticos del desarrollo fetal. Durante las seis primeras semanas, el desarrollo es común a ambos. A partir de ahí, se produce la diferenciación gonadal. En los varones se inicia la producción de testosterona, que llevará a la creación del aparato sexual masculino. En las mujeres, esa hormona no se produce, y continuará su evolución que, sin interferencias hormonales, llevará hacia la aparición del aparato sexual femenino. En todo este proceso puede haber alteraciones genéticas, hormonales, mecánicas o tóxicas. Y tiene una deriva psicológica y existencial importante al producir los estados intersexuales. En muchos de esos casos se hace necesaria una determinación de sexo, dado que la naturaleza o no lo ha hecho o lo ha hecho de manera incompleta. Esa asignación es una decisión médica en los países occidentales. No significa que sea el procedimiento habitual ni deseable la asignación de sexo. Ni mucho menos que sea necesaria siempre una intervención médica o quirúrgica. En la actualidad, cuando aparecen algunos de estos supuestos, son los familiares o cuidadores del recién nacido los que, asesorados por un equipo multidisciplinar, toman las decisiones, teniendo en cuenta no solo la clínica, sino también la cultura y sociedad en la que se está viviendo, así como las implicaciones que tendrá en su vida adulta. En algunos casos, el sexo se deja indefinido, así consta oficialmente, y se espera a más adelante, incluso ya con la participación de la persona afectada, para decidir esa asignación final que será de gran importancia, ya que sobre ella construirá su definición sexual y su identidad de género.

En todo caso, el sexo se puede asignar al nacer, no así el género que, como experiencia que es, se va elaborando a lo largo de la vida, y en ella aparecen las aceptaciones o las críticas a la asignación oficial de varón o hembra, que es la que sí ocurre al nacer, con la excepción mencionada de algunos estados intersexuales. Parafraseando a Beauvoir, dice Pablo de Lora «no se nace trans, se llega a serlo». Hay que añadir que eso ocurre tras diversos avatares psicológicos, sociales e incluso médicos.

Puede afirmarse que una mujer o un hombre que han transicionado hasta el otro sexo siguen siendo biológicamente lo que eran. Incluso así, tienen el derecho de ser reconocidos según su experiencia de género. Solo que ese derecho, como todos, no es ilimitado. Por ejemplo, lo que afirman los autollamados *otherkin* o *transanimals*. No creo que sea un derecho, sino una mera estupidez al sentirse identificados con especies no humanas de manera real, no metafórica.

Deseo homo

Un tema que resurge de vez en cuando es si lo homosexual tiene o no una referencia genética. Suele ser un debate entre políticos que esperan recibir la confirmación de la base genética de sus posiciones ideológicas. Son básicamente dos: o bien se considera un defecto, una enfermedad, y habría de ser tratada en lo posible, o bien se considera algo natural, inmutable y biológico, y hay que dejar que la naturaleza siga su curso. Los hallazgos que la revista *Science* va publicando —basados en el análisis del genoma de casi 500.000 personas— refuerzan los resultados obtenidos en el pasado por estudios menores y confirman lo que muchos científicos pensaban: aunque las preferencias sexuales, como casi todo, tienen un componente genético, ningún gen ejerce por sí solo un efecto desmedido y definitivo en el comportamiento sexual. En definitiva, no hay un «gen gay». Una curiosidad de los primates es que existe un cierto número de individuos que tienen relaciones homosexuales sin que se pueda saber por ahora qué fin cumplen, dado que es una conducta que la evolución no ha ido eliminando.

Según la Organización Norteamericana de Varones Homosexuales y Lesbianas, y según numerosos expertos, los homosexuales no tienen ninguna opción alternativa respecto a su orientación: el varón o la hembra que haya nacido homosexual persistirá siempre homosexual. Este movimiento pone el énfasis en este enfoque porque los datos de las encuestas resaltan que las personas se muestran más comprensivas con la causa homosexual si creen que tal orientación es inmutable. Si bien, con alguna frecuencia, como cabría esperar en algo tan plástico como los deseos sexuales, sí se da ese cambio. Y es lógico si admitimos, como parece el caso, que la orientación sexual se basa en un continuo en el que los genes y el entorno tan solo favorecen u orientan hacia qué lado se inclinará el sujeto. La Asociación Americana de Psiquiatría y otras organizaciones científicas se han reafirmado en la tesis del continuo en lo que se refiere a la orientación del deseo sexual. En otras palabras, las etiquetas hetero y homo, aun siendo ciertas como polos fundamentales, no reflejan la complejidad subyacente y las variantes que se dan en las prácticas de las personas. Su significado e implicaciones para la vida de las personas han de ser establecidas caso por caso.

Una de las características fundamentales de la vida es la sexualidad, la división en machos y hembras. He expuesto, tal vez de manera muy somera, algunos de los más importantes conceptos a este respecto. Pero, aunque resulte sorprendente, aún no sabemos por qué existe el sexo y no otros sistemas más sencillos de reproducción y creación de variabilidad genética. ¿Azar o necesidad? Las preguntas acerca de las grandes cuestiones de la humanidad suelen quedar sin respuestas contundentes. Así pasa con la compleja maquinaria genética y ambiental que se necesita para producir un nuevo ser humano. Todo esto, siendo algo cínico, es lo que está detrás de eso que llamamos amor. Sería el correlato poético del deseo sexual que lleva al intercambio de genes, sin el cual la especie se habría extinguido hace mucho.

VI. Sexo y sexualidad

¡Sexualízame!

Con lo fácil que es la reproducción asexual, es lógico preguntarse cómo es que la gran mayoría de los seres multicelulares lo hacen de forma sexual. Atraer a un macho o a una hembra para que sea su pareja sexual es muy complicado, el apareamiento aún más y los peligros que el sistema tiene son enormes. ¿Cómo es que la evolución nos metió en ese lío del intercambio de genes entre dos individuos diferentes? Y quizá en la pregunta esté la respuesta: con genes de individuos diferentes mezclados se mejora cualquier especie de forma importante. Esa ventaja de la variabilidad genética explicaría la existencia de los machos. De otra manera, con uno, y otro más de reserva por si acaso, habría suficiente. La reproducción y evolución, a través de la existencia de dos seres sexuados que intercambian sus genes, mantiene la salud del grupo y protege contra la extinción.

A medida que se avanza en el conocimiento genético, vamos comprendiendo el cómo y el porqué de los sistemas de reproducción sexual, si bien los inicios de este tipo de reproducción aún son bastante ignorados. En todos los casos el sistema es el mismo: dos miembros de la misma especie combinan su ADN a fin de producir un nuevo genoma. La reproducción asexual produce individuos hijos que tienen el mismo genoma que sus padres, lo que, visto lo visto, no parece deseable que sea así en muchos casos.

Pero si el «interés de los genes» fuera perpetuarse lo más posible —como se sostuvo hace años por Richard Dawkins— el sistema más apropiado es el sistema asexual. Y como eso no es lo que ocurre, lo sexual ha de tener una gran ventaja evolutiva que compense las desventajas obvias.

Parece claro que la mezcla puede producir una beneficiosa combinación de los buenos genes de ambos padres. Sobre esa ventaja, la evolución puede trabajar con eficacia mayor e incluso acelerar la deriva evolutiva. El sistema está lejos de ser jauja. Obtener esa variabilidad incluye un gasto grande en elegir la pareja genéticamente más apropiada, y eso no es fácil. De ahí, el cortejo y sus incertidumbres. Además, algunas de las estrategias parecen bastante bobas, aunque se hayan mostrado eficaces para atraer pareja. Pensemos en la cola del pavo real… macho.

La hipótesis mencionada de la creación de variabilidad genética parece plausible. Una situación ya comprobada es la eficacia de la recombinación genética para resistir a los parásitos y las enfermedades.

Todas estas hipótesis son creíbles hasta ahora y serán modificadas a medida que la investigación científica avance. Lo que sí es obvio es que algo bueno tiene esto del sexo, además de ser fuente de enormes placeres (aunque también de desgracias), para haberse mantenido a lo largo de toda la evolución de las especies.

No se sabe cuándo aparece la reproducción sexuada. El candidato más antiguo por ahora parecer ser un pez primitivo llamado *Microbrachius Dicki*. La evidencia fósil se halló en rocas de 385 millones de años de edad en

Escocia. Parece que poseía un sistema de reproducción sexual y fertilización interna. Al igual que los humanos. ¡Qué golpe para nuestro orgullo! También era la primera especie en mostrar lo que los biólogos llaman dimorfismo sexual: los machos y las hembras son diferentes el uno del otro.

Si bien la palma de la antigüedad se la lleva un fósil llamado *Bangiomorpha pubescens*. Es el más antiguo de los fósiles multicelulares conocidos de una especie que se reprodujo sexualmente. Pero no era un animal. Era una especie de alga. Así que ellas fueron los primeros organismos que tuvieron relaciones sexuales. Algo que no esperábamos. Claro que es difícil imaginar que las algas instigaran la revolución sexual, pero sus hallazgos evolutivos, sin duda, sirvieron para construir la vida en la Tierra tal y como la conocemos. El problema del género había comenzado, aunque esta sencilla alga no fuera consciente aún de la que se iba a montar

La sexualidad ha sido el campo por excelencia del psicoanálisis en todas sus corrientes. Desde ahí se han creado algunas de las ideas más luminosas al respecto y alguna de las bobadas más espectaculares. Mucho de lo que consideramos sexualidad viene de la obra *Tres ensayos de una teoría sexual*, que Freud publicó en 1905. A veces, algunos autores siguen utilizando sin más sus conceptos, haciendo caso omiso de que fue escrita hace más de ciento diez años. Desde entonces, ha habido algunos nuevos conceptos y hechos en antropología, biología, pensamiento, historia, sociología, genética o política que merecen ser tenidos en cuenta.

Para Freud, hay una naturaleza sexual en el niño que constituye —antes de su entrada en el complejo psicológico de civilización y represión que él denominó Complejo de Edipo (con poco acierto intelectual, pero con mucho éxito mediático)— una perversión polimorfa. Ni la elección de objeto ni las prácticas eróticas ni la sede corporal de las estimulaciones están definidas. En el infante humano, la sexualidad no está vinculada a ninguna función biológica ni reproductiva. Es solamente deseo, placer o, en términos psicoanalíticos, perversión. Solo con el tiempo y tras el ingreso en el mundo social y cultural, todas esas perversiones parciales se van agrupando en una sexualidad genital y reproductiva con una elección de objeto, por lo general, estable: heterosexual habitualmente; pero también, homosexual.

La pulsión sexual del ser humano está marcada por esa indeterminación en el fin y en el objeto. Eso la diferencia de los instintos en los que hay un código preciso y determinado de desarrollo. La pulsión es el producto de ese distanciamiento de la sexualidad humana respecto a toda función biológica, es la marca de un hecho: la experiencia de la sexualidad es un desplazamiento respecto de esas funciones biológicas. Cabe discutir si eso implica, como afirmaba Lacan, que al estar lo sexual desligado de su origen natural nunca será satisfactorio. Muchas personas contradicen al psicoanalista y sí llegan a ese estado, pero, aun así, también es verdad que, en conjunto, siempre seremos un deseo perdido.

La argumentación foucaultiana habitualmente es muy diferente de la freudiana, pero en este tema el autor francés es casi ortodoxo. Para él, la sexualidad se constituye a través de un proceso en el que las pulsiones deben realizar un largo recorrido hasta afirmarse en la sexualidad del adulto. No hay sexualidad natural previa a este proceso de represión y desplazamiento, que es diferente según las formas históricamente concretas de cada sociedad. Es un fenómeno cultural. Donde se separa del pensamiento freudiano es cuando considera que la sexualidad no es primordialmente represión, sino inscripción del poder y sus relaciones en el cuerpo y la mente de las personas. La sexualidad es creativa no represora, afirmó Foucault.

Para Claude Lévi-Strauss, toda sociedad humana se construye alrededor del intercambio de aquello que se considera valioso: bienes, mensajes y mujeres. Para manejarse, desarrollan un sistema de reglas e instituciones: económicas, lingüísticas y de parentesco. La familia, la consanguinidad, el noviazgo no son naturales, sino instituciones producto de esas reglas culturales del intercambio. No existe el sexo, sino el sexo codificado por la cultura de cada lugar. Por lo tanto, sometido a prescripciones y proscripciones muy variadas e idiosincráticas. No hay un sexo natural libre o carente de normas. No hay un paraíso perdido, ni mucho menos está en las tribus prehistóricas que aún sobreviven en zonas aisladas de Nueva Guinea o la Amazonía. Las reglas allí son, si cabe, aún más precisas y obligatorias que en el occidente europeo. El asunto no es si hay normas, que las hay, sino cuáles son y quiénes las determinan.

Lo sexual es lo no cultural, lo animal. De ahí, su capacidad de ser tan placentero y conmovedor. Tiene algo de indomable; por eso nuestro pudor frente a su exhibición y la dificultad para manejar la cercanía corporal. Pero negar esa parte no es nunca una buena idea. Lo biológico, lo animal, también existe. De hecho, cuando la práctica erótica es demasiado suave, demasiado noble, demasiado cultural, demasiado dulce, se convierte en poco atractiva, poco pasional.

El feminismo y los movimientos de liberación de gays y lesbianas que se iniciaron en los años sesenta del siglo XX plantearon, primero como actuación militante y luego como reflexión teórica, que la corporalidad sexuada era el motor más importante de la capacidad de desear y, por lo tanto, lo más humano que tenemos. Eso tenía y tiene una gran importancia política subversiva. En su análisis de lo subversivo, Begoña Cacho y este autor afirman que gracias a ello podemos escapar de la preferencia por lo familiar, por lo consanguíneo, e introducirnos en lo ajeno, lo gratuito y lo no obligatorio.

Las estructuras de marginación

Es suponer que los modos de vida de esos grupos primitivos iban desarrollando entre todos sus miembros, pero de forma diferente entre hombres y mujeres, sistemas de poder y prestigio. Eso concedería privilegios de manera desigual, creando una comunidad que se diferenciaba más y más en su interior. Los hombres desplegarían más el desarrollo de las habilidades exteriores; y las mujeres, el desarrollo de las interiores. Mundo privado y mundo público se irían acentuando y separando. Las actividades de fuerza masculina, cuya expresión máxima es la guerra, posiblemente fueron decisivas en el origen de las estructuras de las sociedades humanas. El deporte de competición quizá sea un heredero de esas actividades guerreras. De ahí, lo terriblemente atractivo que es. Pero no es lo mismo la fuerza que el prestigio. Utilizando la terminología de Lévi-Strauss, la primera pertenece a lo crudo; la segunda, a lo cocido. La primera es natural, la segunda cultural, y ya no depende de la biología. Es más bien un emergente que puede provenir de muchas fuentes. Una de ellas es la capacidad económica de ella o de él. O de sus familias.

Con el tiempo, lo que se iba viviendo y experimentando por esta organización social fue creando modos de pensamiento, de acción, de sentimiento. Lo que vivimos crea lo que somos. Una identidad que provenía de esa realidad sexualmente basada, pero que era social y cultural. El género había aparecido, aunque nadie lo llamara así. Y ya era fuente de opresión. En resumen: el género es el producto de las relaciones sociales derivadas del hecho sexual. Un pequeño ejemplo: el sol se denomina en masculino y la luna en femenino. Puede parecer evidente, pero no lo es. En alemán se dice la sol y el luna. Han cambiado su sexo. En varias iglesias españolas, entre las más antiguas que se conservan y que quizá guarden el recuerdo de las invasiones godas provenientes de Centroeuropa, podemos ver esa iconografía con la denominación invertida respecto a la española. Estamos en el terreno de la cultura. Nada hay en el sol que lo convierta en masculino o a la luna en femenina. Ni lo contrario.

Pero estamos hablando del inicio de la humanidad. La división sexual del trabajo pudo ser útil a grupos humanos muy frágiles en peligro permanente de extinción. Pero hoy ya no lo es. Algo muy útil dentro de la estrategia feminista y de izquierdas sería ir acabando con esa división desde todos los puntos de vista, desde todos los frentes. La izquierda se suele asustar ante la potencia de las reivindicaciones feministas. Y, cuando eso ocurre, no hace más que poner excusas miedosas al afirmar que no son para tanto las quejas de las mujeres o que no es el momento para plantear algunas reivindicaciones. Y mientras, como señala Caroline Criado, el tiempo corre. Pero no es fácil transformar el pensamiento. Decía Marcel Proust que una idea que entró en la mente de forma irracional no saldrá por medios racionales. Paradójicamente, es más fácil cambiar la realidad que las ideas. Las abstrusas ideas académicas acerca del género y sus variantes apenas producirán más que artículos cada vez más ininteligibles. Cambiar las bases sobre las que se creó la opresión femenina sí será útil. Y una de ellas es la división estable y rígida de tareas según el sexo. Las relaciones matrimoniales complementarias en lugar de igualitarias son uno de los más importantes y verdaderos problemas para las mujeres.

Avanzando el tiempo

En los inicios de la humanidad, ya quedan perfilados los interrogantes básicos sobre los que se va a construir la sociedad humana: ¿Cuál es la naturaleza del hombre? ¿Cuál es la naturaleza de la mujer? ¿Cuál es el *status* del sexo? ¿Cómo ha de ser la reproducción?

No estoy afirmando que estos sean todos los dilemas de la especie. Se trata simplemente de aquellos que van a tener una importancia decisiva en la construcción sociocultural de la sexualidad, los géneros, los deseos y los sistemas de desigualdades asociados. Pero es importante recordar que lo económico y el *status* social se permean de manera indisoluble con esa construcción.

Los sistemas de intercambio de bienes, mensajes y mujeres crearon la sociedad. Todo lo asociado con el intercambio de mujeres, como son las relaciones de parentesco, el matrimonio, la monogamia o la reproducción, creó los rudimentos de lo que, avanzando los milenios, se transformaría en una economía biopolítica de extraordinaria eficacia y alta capacidad de opresión egosintónica basada en el hecho sexual reproductivo.

La primera definición de hombre o mujer se apoya en la vinculación a una corporalización sexuada. A partir de esa realidad, se elabora un modo de existir en el propio cuerpo, concebible como un espacio cultural en el que se reciben, se producen y se emiten formas de género. Eso implica, reafirma y modula la importancia de la dimensión biológica. No tenerlo en cuenta es caer en una forma de dualismo idealista. El cuerpo y la mente como algo separado. El dualismo platónico nunca se va del todo.

Por construido o biológico que se quiera, no se puede menos que acordar con Foucault en que todo ello se constituye como forma de poder. Él rechaza la visión de Hebert Marcuse, que consideraba que el erotismo es sinónimo de liberación. Pero el asunto es, de nuevo, más complejo. Ni la sexualidad nos lleva al paraíso *hippie* ni es un siniestro aparato de poder concebido para esclavizarnos. Es desolador pensar que, en su vida, él así lo consideró. Precisamente, lo que le perdió fue creer que el virus del sida era un invento de la ciencia contra los homosexuales. Murió por ese error fanático.

Foucault afirmó que no existe ni el cuerpo ni el sexo como realidades naturales. Desde un punto de vista blando, solo cabe estar de acuerdo. La experiencia humana, aun basada en lo natural, no es natural, es cultural. La muerte, por ejemplo, es desde luego un proceso biológico, pero su comprensión y manejo es cultural. En este sentido, sí se puede estar de acuerdo con Butler cuando afirma que lo femenino es un producto histórico del desarrollo de la sexualidad. Habría que añadir que lo masculino también.

Tal y como la entendemos, la variable sexo hunde sus raíces en el fenómeno biofisiológico del dimorfismo sexual, y en este sentido no tiene una, sino múltiples definiciones que dependen del nivel de análisis en que nos situemos: cromosómico, gonadal, hormonal, morfológico... Rhoda Unger definió doblemente el sexo como variable biológica y como variable social. Esa dualidad nos remite a la existencia de experiencias diferenciales entre hombres y mujeres como consecuencia del hecho biológico.

Somos seres igualmente diferentes.

Por su parte, Freud, al que a veces se le reprocha un excesivo biologicismo en su concepto de la sexualidad, tiene en realidad una visión muy psicológica y social. Plantea que se llega a la sexualidad adulta partiendo de una sexualidad indiferenciadamente bisexual, que —tras una deriva perversamente polimórfica— llega a estabilizarse de una forma más o menos integrada. Es, por tanto, una evolución psicológica, no biológica. Según él, los niños varones han de renunciar a su madre, de la que piensan que ya tiene el falo, que no el pene, de su padre que le da poder y satisfacción. Ellos podrán obtener más tarde a otra mujer que no sea ella. Las niñas, en cambio, observan su diferencia frente a los varones e, igualmente, han de renunciar a la madre sin saber con qué cuentan para tener una vida satisfactoria. Desde luego, no es necesario aceptar esta melodramática explicación, pero al menos nos permite pensar acerca de si es cierto que la evolución psicológica de los niños y de las niñas es diferente. Lo más probable es que no. Todas las investigaciones seriamente realizadas coinciden en que no hay conductas, actitudes o aptitudes que sean esencialmente diferentes en los niños de las niñas. Las diferencias que se pueden observar no son más que epifenómenos irrelevantes.

La revolución de la contracepción

La revolución sexual y el feminismo caminaron juntos durante mucho tiempo. Algunas de sus prácticas dependieron, por un lado, de la evolución de su pensamiento y, por otro, del desarrollo de la investigación científica. De este, el más importante fue la creación de la anticoncepción química.

Entre la actividad sexual y la reproducción, hay desacoplamientos. El primero nos lo da la propia naturaleza biológica de los mamíferos. En los primates más cercanos, pero sobre todo en los seres humanos, no se da el fenómeno de las épocas de celo. Eso lleva a una cierta incertidumbre respecto al acoplamiento entre las relaciones sexuales y embarazo. No hay evidencias claras de cuándo la hembra es fértil. Nunca se sabe. Los métodos de anticoncepción química, baratos y eficaces, crearon otro desacoplamiento aún más extremo al hacer posible, de una forma segura y cómoda, desconectar o permitir la conexión de ambas realidades. Las personas podían mantener relaciones eróticas al margen de muchas de las tradicionales constricciones biológicas, culturales y sociales. Esta desconexión es una de las razones de que la institución matrimonial haya perdido fuerza en casi todas las sociedades occidentales y, al tiempo, las relaciones homosexuales, es decir, biológicamente estériles, hayan alcanzado un *status* notable al tender a igualarse con la mayoría de las heterosexuales en cuanto a fecundidad.

Al desligarse la sexualidad de la reproducción, se rompió la idea de su unión prácticamente inexorable con el papel principal y exclusivo de toda mujer. La llamada «sexualidad plástica», por Anthony Giddens, liberada de las necesidades de la reproducción, es crucial para que se produzca un erotismo no solo placentero, sino vinculado a cualquier práctica de emancipación. En este sentido, la reivindicación del placer sexual por parte de los hombres y de las mujeres se convirtió en elemento clave de libertad y felicidad. Las conexiones tradicionales y obligadas de orden biológico quedaban rotas. La desvinculación del sexo respecto a la reproducción fue de tal novedad que aún no hemos visto el final de ese proceso. Esta separación abría el camino a otras separaciones y a nuevas vinculaciones. El amor total, entendido como la fusión de amor, sexo, matrimonio, reproducción, hogar… pasa a ser una opción, solo eso, una opción. Las posibilidades para la cristalización de las realidades LGTBIA+ quedaban abiertas y sólidamente basadas en las tecnologías anticonceptivas, que dejaban la decisión del embarazo en manos de la mujer. Una revolución enorme, y así la vieron con horror las iglesias cristianas y los gobiernos conservadores, que aún hoy la siguen persiguiendo. A pesar del avance tecnológico, impresionante a la par que sencillo, la libertad reproductiva no es un asunto de tecnología, sino de ideología y de poder, de poder político.

Ahora sabemos que lo sexual es una creación evolutiva que sirve para una eficaz forma de reproducción y de trasmisión genética. Eso es lo más importante desde el punto de visto biológico, pero no desde el punto de vista subjetivo, en el que el placer y el deseo son lo más decisivo. Por eso puede decirse que, aunque la división de los cuerpos masculinos y femeninos para la reproducción tiene una base biológica, la reproducción humana implica mucho más que el cuerpo biológico.

El origen de la subordinación femenina ha estado anclado en las especificidades reproductivas de su fisiología. Y sin negar esas diferencias biológicas, el dominio de la lógica de la reproducción, como en la actualidad es posible hacer, es una de las bases más poderosas de la emancipación de las mujeres. El control patriarcal se realizaba sobre los cuerpos y las capacidades reproductivas femeninas. Una realidad que ya encontramos descrita en el teatro clásico griego. En *Lisístrata*, de Aristófanes, las mujeres, para parar la guerra, se conjuran para abstenerse de tener relaciones sexuales hasta que los hombres la detengan. Pero el feminismo ha ido logrando separar la institución social de la maternidad, como fuente de sumisión y control, de la experiencia de la maternidad como fuente de placer y poder. Y ambas desacopladas de las relaciones sexuales.

Un terrible ejemplo es la afirmación de alerta que lanzan los partidos de la derecha respecto a la emigración. Les preocupa la alta tasa de natalidad que se da en comunidades amenazadas y pobres. Tener muchos hijos facilita la supervivencia, aunque, si se tienen demasiadas bocas que alimentar, puede significar pobreza y desnutrición para todos. La natalidad de los emigrantes se sitúa muy por encima de las acomodadas clases blancas dirigentes, que lo temen y claman contra ellos. Eso ha ocurrido en Noruega, Nueva Zelanda y Estados Unidos. También en España, sobre todo en Cataluña y el País Vasco, las fuerzas nacionalistas alertaron de la natalidad de los emigrantes, en la que veían una conspiración contra la pureza étnica de la población de esas comunidades. Hay divertidas películas españolas que ironizan con la necesidad de tener ocho apellidos vascos o catalanes. El riesgo, dicen los racistas de todas esas sociedades, es que los legítimos habitantes sean sustituidos por «esos».

Las comunidades humanas necesitan de la existencia de algún tipo de relaciones familiares que críen a las nuevas generaciones. Pero para eso hace falta que existan esas nuevas generaciones. Las relaciones homosexuales, la soltería o cualquier otra forma de infertilidad, sobre todo si es voluntaria, es una amenaza para el orden social reproductivo que, al final, es la base de todo el orden social. Sin súbditos no hay reinos, sin trabajadores no hay capitalismo, sin soldados no hay ejércitos. En la ya mencionada novela de Atwood, *El cuento de la criada*, tras problemas políticos y ataques terroristas (reales o no), se instaura en Estados Unidos una república agresiva, machista, ultracristiana y autoritaria. En ella, hay muchas mujeres que no pueden tener hijos. Las que conservan esa capacidad se convierten en objetos sumamente valiosos, y rápidamente el poder se apropia de ellas y las esclaviza. Puede parecer un argumento extremado, pero algo parecido han venido haciendo las religiones monoteístas al marginar y prohibir desde las relaciones homosexuales hasta el uso del preservativo, aun en los tiempos del devastador sida, y vedar cualquier relación al margen del matrimonio o de la reproducción. Toda sociedad ha de garantizarse la circulación y presencia controlada de los mensajes, los bienes y las mujeres: aquello que tiene valor real. Y de esos tres elementos, las mujeres y su capacidad de reproducción es el más frágil, vulnerable y el más importante. Por eso el sistema social las preserva a través de una esclavitud psicológica, ideológica o real. De ahí, que los movimientos feministas que pretendían cambiar el *status* de las mujeres como productoras de hijos y mantenedoras del hogar han sido particularmente atacados. En principio, con la agresión directa, luego con la burla y el desprecio y, posteriormente, legislando democráticamente en su contra. Pero nada ha podido contra esa fuerza que el poder mira con creciente temor.

Quienes tienen hijos son las mujeres, aunque haga faltan también hombres para eso. La represión, no obstante, solo carga contra el cuerpo de ellas. Una de las características de los sistemas patriarcales es precisamente la apropiación del cuerpo de la mujer. Esto se ha venido haciendo por las bravas o mediante formas más o menos explícitamente violentas, pero cubiertas de un manto tecnológico. El asesino de Utoya, Noruega, dejó escrito que una buena solución era pagar en los países no occidentales a madres nativas para que tuvieran hijos europeos o, mejor aún, diseñar úteros artificiales que permitirían prescindir de ellas. Y de los hombres..., al loco asesino machista se le olvidó mencionarlos.

VII. Sexo y cuerpo. Cuerpo y sexo

Se pueden distinguir al menos seis factores que determinan la naturaleza del sexo biológico:

1.– Los cromosomas sexuales: las configuraciones estándar de lo masculino, de lo femenino y las variantes o alteraciones cromosómicas ya mencionadas.

2.– Las gónadas: no solo los testículos y los ovarios, sino también algunas infrecuentes estructuras gonadales masculinas y femeninas, como la ovotestis.

3.– Las hormonas sexuales: los estrógenos y los andrógenos, que están, en realidad, presentes en porcentajes diferentes en todos los seres humanos, y dan lugar a las constituciones típicamente femeninas, masculinas o atípicas.

4.– Los genitales externos: además del escroto y del pene, la vulva y el clítoris. También pueden existir órganos atípicos, como son los órganos eréctiles intermedios entre el pene y el clítoris.

5.– Los genitales internos: no solo la vagina, el útero y los ovarios, sino también los testículos pueden estar contenidos en el interior del abdomen; además, no todas las vaginas desembocan en un útero y no todas son profundas.

6.– La conformación general del cuerpo: los caracteres sexuales secundarios, como la presencia o ausencia de mamas, de la nuez de Adán, de la barba, el tono de la voz, la distribución de la grasa corporal, etcétera.

A pesar de la variabilidad de estos seis factores, la forma más común que encontramos son el hombre o la mujer reproductores y fenotípicamente binarios. Junto a ellos, los estados que denominamos intersexuales. Como he mencionado, se trata de personas con características sexuales de ambos sexos en grados variables, conocidas en todas las culturas. Por la transgresión que representan con respecto a los estándares del binarismo sexual, las personas intersexuales del pasado han sido sacralizadas, por tanto, a su vez, celebradas o perseguidas. Recordemos los mitos de Hermafrodito y de Tiresias, que a lo largo de su vida fue hombre y mujer, bendecidos y maldecidos por los dioses. También cabe destacar el hermafroditismo, masculino o femenino, por la repercusión de la literatura y mitología antigua de este tipo de estados, pero que, en realidad, no existen en los seres humanos.

Desafiando al sentido común, Anne Fausto-Sterling sostiene que la medicina debería haber reconocido la existencia de, al menos, cinco categorías sexuales: además de la hembra y del macho, la *ferm*, en su momento llamada pseudohermafrodita femenina (que tiene ovarios y algunos aspectos de los genitales masculinos, pero carece de testículos), el *merm*, en su momento llamado pseudohermafrodita masculino (que tiene testículos y algunos aspectos de los genitales femeninos, pero no tiene ovarios). Incluye el *herm*, que sería el auténtico hermafrodita (que posee un testículo y un ovario fértil), que ni siquiera existe en los seres humanos. Aunque la clasificación es una chifladura, en lo que sí tiene razón —ya ha sido mencionado— es al decir que las personas de cualquiera de las variantes que existan han de ser tratadas como sujetos de derecho y atención.

Tenemos un cuerpo distinto desde que Foucault escribió y vivió con el suyo. Como es sabido, a base de una lectura sesgada de clásicos griegos —dicen que no muy rigurosa, pero tremendamente original— produjo ideas sobre el sexo y el cuerpo que han sido decisivas para entendernos con nuestra experiencia corporal, y han sido la base de la legitimidad y naturalidad de esas anomalías. Para él, el cuerpo puede ser entendido como la superficie en la que se graban los acontecimientos y los valores culturales. Con ello, el soporte biológico de nuestra existencia dejaba de ser considerado nuestra alma y menos aún templo del Espíritu, como venía sosteniendo el pensamiento cristiano. Para Foucault, la invención de la sexualidad, alrededor del siglo XVIII, permitió agrupar, en una unidad conceptual y práctica, elementos anatómicos, funciones biológicas, conductas, sensaciones y placeres, que dieron inicio a un nuevo tipo de subjetividad. El cuerpo y el sexo, por primera vez, se despegaban de su comprensión dualista platónica y funcionaban como base unificada de la comprensión de sí mismo. Toda una revolución de la que aún vivimos. Es interesante darse cuenta de que eso permitió que la sexualidad y su inscripción en el cuerpo funcionara como causa y como efecto de todo lo que acontecía con ella. El estímulo de un cuerpo sexualizado generaba igualdad en las posiciones de los hombres y de las mujeres. Al tiempo, esa igualdad favorecía el auge de la libertad y la diferencia de ambos. Igualdad y libertad se retroalimentaban positivamente a través de la sexualidad corporeizada. A pesar de que Foucault no se sentía reconocido en los trabajos de Freud, no hay duda de que aquí estaba utilizándolos de forma directa. Algo casi opuesto al pensador francés mantiene Butler cuando concibe que el cuerpo y el sexo son estructuras imaginadas, producto del deseo. Es una idea interesante, pero, como es frecuente en ella, se desliza por extremos tales que la inactivan. Si el deseo antecede al cuerpo y a lo sexual, ¿de dónde procede? La única explicación que cabe es considerar que el ser humano *a priori*, y sin más bases, es capaz de desear. Sería una máquina de desear autónoma, un motor primigenio. Gilles Deleuze, siguiendo a Baruch Spinoza, definió a los seres humanos como máquinas de producir deseos, pero que provenían de la naturaleza corporeizada y sexual de las personas. Butler piensa que el cuerpo surge como consecuencia de la adaptación que cada persona hace para adecuarse al deseo del otro. De nuevo, es esta una idea interesante, pero luego da un paso hacia el psicologicismo absoluto y afirma, como consecuencia, que el cuerpo no es más que un constructo del discurso de la ley. El cuerpo, el sexo y el género no son, para ella, más que el resultado de determinaciones opresivas y restrictivas de origen cultural. Sin duda, algo de la realidad del cuerpo está contenida en estas afirmaciones, pero darlas como algo único y absoluto la aleja de la ciencia y del sentido común.

No somos una tabla rasa

Cuerpo y sexo. Sexo y cuerpo. No somos una tabla rasa que se empieza a escribir al nacimiento. Hay espacio para la autoría, pero también es claro que lo biológico y lo social pueden llegar a restringir de forma importante y permanente lo que podemos llegar a ser. La plasticidad humana y la capacidad de adaptarse a las circunstancias en las que se vive es muy grande, pero no absoluta. No somos espíritus puros. Y, por eso, a pesar de las teorías psicologicistas, cuando alguien quiere cambiar de género suele querer también cambiar de genitales y tomar hormonas sexuales. Señalando con eso la importancia de la materialidad biológica.

Algunas personas, reflexionando en la actualidad sobre la relación entre sexo y cuerpo, empezaron a admitir que tal vez alguna forma de androginia fuera posible, aunque no en el sentido que Platón había descrito. Posteriormente, pensaron que no solo era posible, sino que era deseable para todos los seres humanos. El debate empezaba a ser meramente teórico e ideológico con poca conexión con la experiencia, deseos y realidades biológicas de los seres humanos. Junto a ideas liberadoras, empezaban a oírse algunas disparatadas. Una de las más comunes era asumir que toda diferencia supone discriminación, lo cual es absurdo. En sí mismas sirven para crear conocimiento. Que luego se use para la opresión es algo que puede ocurrir con cualquier dimensión humana por noble que sea. Hasta con el amor. Es de suponer que los nuevos movimientos, cuando tienen éxito, llegan a producir ideas locas o siniestras en su afán por diferenciarse y establecerse. Si comparamos con el éxito de las primeras comunidades cristianas, veremos un fenómeno semejante de creación de ideas, algunas novedosas y otras absurdas. Pero entre unas y otras, el edificio monolítico clásico de lo sexual se iba demoliendo, y nuevas posibilidades se iban abriendo camino. Para bien y para mal.

Mente y cuerpo, sexo y cuerpo, espíritu y materia. En los últimos años, se observa, de forma más o menos sofisticada, una cierta vuelta a los antiguos dualismos. Las aproximaciones emocionales y espirituales actuales de la psicología y la sociología se unen en esta división que favorece los intereses de la comprensión neoliberal de la realidad. También en la izquierda y en algún tipo de pensamiento feminista, sigue latente la cartesiana división entre cuerpo y mente. Con este dualismo, latente o claramente afirmado, se postula que la corporalidad sexualizada no tiene nada que ver con las decisiones mentales y existenciales del género. El cuerpo genera constantemente sensaciones de las que somos conscientes solo en una muy pequeña proporción. El ser humano corporizado, el ser humano que piensa y el que siente, forma una unidad indisoluble. Eso es lo que somos. Es un error ese dualismo, como lo es también pensar que los hombres y la mujeres somos esencialmente diferentes. Eso es sexismo.

VIII. El erotismo o la creación del placer

En realidad, el término sexualidad, estrictamente hablando, se refiere al proceso reproductivo de intercambio de genes basado en la existencia de dos diferentes sexos biológicos. Sin embargo, cuando hablamos de sexualidad, lo que se suele tener en mente es el erotismo: la elaboración cultural de lo sexual, el conjunto de ideas, relaciones, deseos, placeres, intercambios que los seres humanos construimos sobre esa realidad biológica. En toda condición de género, sexo o elección de objeto, lo importante, en cuanto a placer se refiere, será lo erótico, es decir, el elemento cultural de esa dimensión fundamental de lo humano.

El erotismo conmueve nuestra corporalidad como no hay otra elaboración humana que lo haga. Estimula el desarrollo de la capacidad de vivir la vulnerabilidad y la intimidad. La relación erótica es, tal vez, la metáfora más importante de lo humano. Considerado desde este punto de vista, la corporalidad proporciona la experiencia más placentera, el orgasmo, que se puede sentir. Es la única experiencia que puede disolver las características más estables y, por tanto, más rígidas de la naturaleza humana: el Yo, la historia personal, la identidad y el tiempo quedan suspendidos gracias al erotismo. La valoración del momento presente hace del erotismo el territorio más importante de la capacidad de gozar. Es el mayor creador de vínculos con otras personas y se constituye en el elemento clave con el que se valora la aceptación personal. Y, por si fuera poco, es una de las formas más poderosas de afirmación personal.

Sobre el erotismo se apoya el estado mental que llamamos lujuria, que no es el placer que sentimos, sino la anticipación de ese placer que invade el cuerpo y la mente cuando deseamos la actividad erótica. El erotismo permea toda la existencia.

Al orden social le preocupa porque tiene el riesgo de la inmoderación. Un peligro que tiene casi cualquier deseo. Por ejemplo, el de dinero. Es notable que contra la lujuria, a pesar de ser simplemente un estado mental individual, han caído muchas condenas. Desde el estoicismo griego hasta los planteamientos de castidad del cristianismo de Agustín de Hipona y Tomás de Aquino. Sin olvidar lo que Freud y su suspicacia acerca de la posibilidad de una sexualidad sana y libre arrojó. Hay miedo alrededor de la lujuria.

El placer que nos anticipa introduce un bucle creativo generador de satisfacción profunda y, a la postre, libertad y desobediencia a lo establecido. De ahí, su capacidad antisocial y subversiva que tan finamente han detectado todos los sistemas de dominación. Cuando estamos en un estado de lujuria, deseamos la creación de un ciclo: te deseo a ti y a tu deseo de mí y espero que tú me desees a mí y desees mi deseo…, un bucle revolucionario, liberador.

Decía Georges Bataille: «No hay alma elevada que planee por encima de la carne». Sin duda, la materialidad genital forma parte de la raíz de nuestra existencia. Pero si contemplamos lo erótico desde el punto de vista de las diferentes culturas, llegamos a la conclusión de que no existe un sistema erótico que tenga validez universal.

Es lógico, ya que lo erótico no es un instinto o una necesidad como el hambre o la sed; es un deseo que expresa una disponibilidad emocional y, por tanto, física y psíquica. El erotismo es esencialmente humano, no así la búsqueda de placer que, siendo también humana, igualmente es propia de otras especies incluso muy alejadas. Volvamos a nuestra rata viciosa. Puede morir de hambre, a pesar de tener comida, si se le implanta un dispositivo cuya acción le proporcione placer. Se estimulará hasta la muerte.

La sexualidad es una compleja red de deseos, atracciones, conductas e identidades. A menudo se piensa que se limita a ser hetero u homo, es decir, a sentir atracción por personas del mismo género o del opuesto. Sin embargo, el erotismo es más complicado. Tiene que ver, sin duda, con quién nos atrae. Pero incluso esa atracción puede dividirse en diferentes facetas, tales como la física, la romántica, la sexual, la emocional e, incluso, la espiritual, que no siempre se articulan armónicamente. Podemos encontrar a algunas personas muy atractivas físicamente, pero otras podrían excitarnos con más intensidad y otras distintas hacernos sentir más cerca de modo emocional o espiritualmente. Un terreno complejo, contradictorio y a veces tormentoso.

Erotismo y homosexualidad

Recordemos a Alfred Kinsey y sus investigaciones sociales acerca de la conducta sexual. Mostró, sin género de dudas, que lo que se pensaba, se decía, se hacía o se decía hacer en el terreno sexual ofrecía dos perspectivas. Una era que mucho de lo que se afirmaba era el producto socialmente correcto de una educación represora y negativa. La otra parte era que, sencillamente, las personas mentían. La hipocresía social respecto al sexo es de las mayores que existen, junto a la del dinero. En las encuestas, opiniones o conversaciones, apenas nadie reconocía que se masturbaba, hasta que ellos mostraron que casi todo el mundo lo hacía, como casi todo el mundo sabía. Es más, penes y vaginas artificiales se han encontrado entre los ajuares de civilizaciones como la chinas, las precolombinas o las egipcias. Esa misma dualidad moral se encontraba en mayor medida respecto a las fantasías, al deseo y a las prácticas homosexuales. Los estudios de Kinsey sobre la conducta sexual humana no se clasificaron de forma binaria —hetero u homo—, sino en una variedad de conductas que iban, en forma de campana de Gauss, de la heterosexualidad hasta la homosexualidad más absolutas. En el medio, todo tipo de mezclas y variantes. De esta manera, sus encuestas hablaban de lo que nunca se había hablado. Sus investigaciones son, desde luego, biologicistas, sociológicas y estadísticas. Hijas de su tiempo. No se ocupó nunca de variables emocionales, como el género sentido. Eso vino después, pero señaló con sus trabajos que lo erótico, el deseo, lo sexual y el género habían de ser investigados de forma científica, no solo pensados de forma ideológica.

Debajo de la crítica absurda a lo homosexual que explicita el pensamiento reaccionario, hay una razón poderosa: el sistema social sabe de esa fuerza y la quiere impedir o controlar para conducirla a cauces no amenazadores para el orden social dominante. Será más fácil con estas premisas entender cómo se estimula un erotismo centrado en el gozo genital, rápido y sobrecogedor, pero banal, con el que a veces se vive. No se trata de que eso sea algo malo o dañino. Todo puede tener su lugar bajo el sol, pero es insuficiente. Es pobre, es poco. En épocas pasadas, el sexo en las relaciones homosexuales tuvo que ser muchas veces fugaz y clandestino. Las condiciones de represión y de peligro hacían que difícilmente pudieran ser de otra manera.

Desde este punto de vista, Deleuze concebía el placer situado sobre un cuerpo sin órganos por el que fluye y se mueve la corriente biológica de nuestra existencia. No tenemos instintos fijos, pero sí tenemos pulsiones que quieren objetos de deseo y satisfacción. Esta búsqueda es el resquicio que aprovecha la cultura para ofrecernos objetos típicos para desear. En eso se basa la publicidad. El orden social modula ese flujo y ofrece objetos específicos y estándar para su satisfacción. No trata a los seres humanos, masculinos o femeninos como realidades existenciales, sino que lo hace como estructuras prefijadas de personalidad y de sexualidad. Todas ellas desembocan en la organización matrimonial y en el consumo a ella asociado.

Por ello, la reivindicación más cuestionable de los movimientos de liberación homosexuales, sobre todo de los masculinos, ha sido la insistencia en obtener el derecho a casarse de forma convencional. ¿Deseo o convencimiento publicitario? Es cierto que con eso adquieren un *status* de normalidad y aceptación social que hace pocos años era impensable, pero probablemente se introducen en una trampa que inactiva toda su potencia radical de transformación de la sociedad y de la subjetividad.

SEGUNDA PARTE

DE LO QUE ESTAMOS HECHOS

IX. Binario/No binario. Los polos de la vida

Historias de lo binario

Definir, poner nombres. Como es bien sabido, es la primera tarea que en el Génesis Dios pone a Adán. Nombrar lo que le rodea. Eso ya crea una cierta situación binaria: se pone o se recibe ese nombre y no otro. Esa acción tiene un efecto casi mágico en lo cognitivo y en lo emocional. Cuando sabemos el nombre de algo, es como si le perdiéramos miedo, como si nos resultara más cercano y familiar. En las consultas médicas, se quiere saber no tanto lo que uno tiene, que con frecuencia es difícil de explicar o comprender, sino el nombre. Nada aporta ese dato que suele ser estadístico o clasificatorio o muy técnico. Su conocimiento en nada va a ayudar al paciente (a los médicos, sí). Saber, por ejemplo, que el cáncer que uno tiene en el colon presenta mutaciones en los genes MLH1, MSH2, MSH6, PMS2 y el PMS1 no es de utilidad para los pacientes, pero que el médico se lo diga tranquiliza algo. Tal vez sea porque se piense que si se le puede poner nombre se puede curar. ¡Ojalá! Los nombres nos dan seguridad y cercanía. «Cómo te llamas» suele ser la primera pregunta o la primera información que se intercambia cuando se conoce a alguien.

Una de las más básicas definiciones entre los seres humanos se organiza alrededor de la realidad comprendida en forma binaria. Y tal vez la más importante sea la de hombre o mujer. «Es niño o niña», siguen preguntando los padres y madres a la comadrona, al ginecólogo, al radiólogo o al genetista.

Binario, 0 y 1, son los códigos básicos de la información. Con eso, se puede crear un nombre único y estable para cada realidad. Ahora, en medio de la revolución cuántica, sabemos que a veces las cosas no son binarias, sino difusas o simultáneas, o coexisten en formas que ni somos capaces de comprender, tan solo de expresar matemáticamente. Pero no hay que olvidar que son conceptos que se aplican al matemático mundo cuántico, no a la experiencia de la vida cotidiana. Una buena parte de la práctica de la deconstrucción que quería Jacques Derrida estriba en conocer los pares con los que la sociedad categoriza para, a continuación, subvertir su posición. El par hombre se establece como superior al par mujer. Subvertir, deconstruir, pretende cambiar esa jerarquía.

El sexo también se establece de forma binaria. Los cromosomas sexuales son dos, X e Y, y se distribuyen casi siempre en pares XX o XY. Pero no siempre. Hay una proporción no despreciable de posibilidades no binarias. Cuando se dan, no son fáciles para la existencia de los individuos.

Generalizar es una herramienta indispensable para hacer el mundo comprensible, porque simplifica la multitud de categorías posibles y las hace manejables para la inteligencia. Las generalizaciones binarias son muy útiles. Dividir una realidad en dos partes permite combinaciones, intercambios, integraciones, complementariedades..., relaciones complejas, pero comprensibles. Nosotros y los otros, lo bueno y lo malo, lo crudo y lo cocido, lo natural y lo salvaje. Pero es también, por supuesto, un instrumento tendencioso, porque comporta una poda de lo múltiple, una reducción de la complejidad inherente a las tareas humanas. No se puede olvidar que lo binario contiene una semilla de marginación. Y con frecuencia germina. Las diferencias pueden acabar en sistemas de opresión de una parte hacia la otra. Lo blanco contra lo negro, lo masculino contra lo femenino, lo heterosexual contra lo homosexual...

En sí mismo, lo binario contiene, además, otro germen de problemas: quien pertenece a uno de los polos puede querer estar en el otro. Algunos hombres quieren ser mujeres, se sienten mujeres. Algunas mujeres quieren ser hombres, se sienten hombres. Y eso puede generar complicaciones en función de que su deseo sea egodistónico o egosintónico. Soy hombre, pero me siento mujer y eso me gusta: egosintónico. O me disgusta y me hiere esa realidad que siento: egodistónico. Y esto por razones personales o sociales.

En definitiva, aplicado también al sexo y al género, lo binario puede ser fuente de debate, conflicto, negación o abuso. Es algo que no puede ser anulado por decreto o por el mero deseo de que no exista.

Lo que sí ocurre es que, aun siendo lo masculino o lo femenino realidades binarias, la posición que una persona asume respecto a su definición se da en diversos grados, como es lógico en una variable —el género— que es una evaluación existencial. Aun dentro del patrón convencional de hombre o mujer heterosexual, la sensación íntima, a poco que se reflexione con sinceridad sobre ella, es diversa y difusa, aunque sea, al tiempo, clara.

Una parte importante de la concepción freudiana se basaba en la dualidad de la elección de objeto. Esa ambigüedad intrínseca ha de ser manejada por todo ser humano, y no lo hará de manera exclusivamente binaria.

No solo Freud abría una nueva comprensión de la sexualidad basada en la existencia del inconsciente y de las pulsiones de un Ello salvaje. Otros sexólogos de finales del XIX, como Richard von Krafft-Ebing o Henry Havelock Ellis, afirmaron dos cosas radicales e importantes. La primera fue que no había solamente un tipo de deseo sexual ni una elección de objeto única. La segunda, más importante aún, era que deseo y elección de objeto no solo eran producto de la personalidad, sino que la conformaban. El modo de ser creaba modos de sexualidad y erotismo que, a su vez, creaban modos de ser. Esta retroactividad constructivista era una auténtica novedad. Un siglo más tarde, Butler retomaba esa idea.

William Masters y Virginia Johnson, en sus clínicas, animaban a la masturbación y contrataban a mujeres y hombres para proporcionar placer sexual a algunos pacientes para equilibrar su estado físico y psicológico. Eran los inicios de la investigación científica, por rudimentaria que fuera, de la respuesta sexual humana. Difícilmente se podía ser más subversivo viniendo de presupuestos convencionales. Estos investigadores estudiaban la sexualidad desde ópticas tradicionales, con unas prácticas centradas en pene, vagina y penetración. Pero fueron bastante capaces de dejar de lado los prejuicios y las ideas religiosas o míticas de su época para ir avanzado ideas nuevas liberadoras para la condición humana. La heterosexualidad, lógicamente la relación predominante en todos los sistemas sociales históricos, se construye como esas mismas organizaciones: complementaria, centrada en lo masculino y desigual. Por el contrario, las relaciones homosexuales, que nacieron en la clandestinidad y en el placer, también tienen esa marca de su nacimiento y, por lo general, son más igualitarias. Es posible, como señala

Camille Paglia con pena, que debido al reconocimiento social de la homosexualidad se estén aproximando a las formas heterosexuales. No hay más que ver una de las reivindicaciones más potentes de estos movimientos y que en muchos lugares ya se ha conseguido: llegar a establecer un matrimonio semejante al heterosexual. Su afirmación de que ambos tipos de relaciones eran equivalentes fue la clave para que, en los años cincuenta y sesenta, el movimiento gay iniciara la conquista de ese nuevo territorio. Defendían que se trataba de una variante y no una parafilia ni un pecado ni una enfermedad. Hetero y homo en las mismas condiciones. Este dualismo simétrico daba por válidos todos los conceptos básicos de identidad, sexualidad o género mantenidos hasta entonces. Incluso aspiraban al matrimonio burgués. La asunción de ese convencionalismo, paradójicamente, supuso un avance tan grande que hoy muchas de sus ideas están incorporadas con naturalidad al pensamiento de las personas progresistas. Las prácticas eróticas entre adultos se liberaban y, al tiempo, la elección de objetos sexuales perdía su sentido de esencia humana. Recordemos la afirmación de Vidal de que nada tienen en común los que tienen una elección de objeto homosexual. Nada dice de la formación, interés, salud, actitud, personalidad u opción política. La homosexualidad es un deseo, no una identidad.

Decía anteriormente que un artificio básico de conocimiento es el establecer estructuras binarias. El ejemplo clásico de los dos ojos que ven dos mundos bidimensionales diferentes, y que, gracias a ello, generan una sola experiencia tridimensional, es especialmente notable. Pero este maravilloso recurso técnico-biológico de duplicación no se ha de confundir con la existencia de realidades binarias, como es la de los cromosomas que se dividen en dos durante la meiosis ni menos con el uso político y segregador de ese dualismo. Los sistemas sociales realizan con todo lo que existe políticas de segregación y dominación. No hace falta lo binario o lo múltiple. Siempre lo hacen, a pesar de la bondad inicial del tema que se trate. Ejemplo tenemos en el uso que se ha acabado por dar a la red internet o el manejo de la situación sanitaria creada por el Covid-19. El neoliberalismo las convirtió en modos eficaces de discriminación y opresión.

Aunque es muy típico de nuestra especie pelear por quién tiene razón en una polaridad, el caso es que la realidad puede ser descrita como binaria en muchas ocasiones, pero también como una dualidad cambiante en otras. La luz es un buen ejemplo. Puede existir en forma de partícula o de onda. Una ocasión se comportará de una manera y en otra diferente, según las características del medio, según la actividad del observador y según lo que interese. Un día en la Tierra se divide en diurno y nocturno. Las bellas imágenes tomadas desde el espacio muestran una parte con luz y la otra en obscuridad. Esa es también nuestra experiencia. También se dan los espacios de transición: el amanecer y el atardecer con graduaciones infinitas. Su existencia es transicional. Incluso muchas personas prefieren esos espacios al pleno día o a la plena noche. Es una tendencia muy humana preferir las mezclas, lo indefinido, el mestizaje. También podríamos decir que el día consta de cuatro fases, pero es algo que nadie hace, porque la experiencia fuerte es el día y la noche. Para la caza, para el sueño, para el peligro. La belleza de la transición no quita el dualismo.

Las teorías *queer* no suelen apreciar esas transiciones y dualismos. Sospechan de esa división porque presuponen la preeminencia de la heterosexualidad. Tienen la idea de que el sexo se organiza en base a dos opciones opuestas y complementarias, y creen que eso perpetúa el modelo heteronormativo que rige la sociedad. Si bien esto tiene mucho de cierto, el conjunto de su reflexión, no. Rechazan la clasificación de los individuos en categorías como homosexual, heterosexual, hombre o mujer, sosteniendo que estas esconden un número enorme de posibilidades culturales, ninguna de las cuales sería más fundamental o natural que las otras. En esta particular democracia, las variantes sexuales, de deseo y de género al final se igualan y constituyen un magma imposible de manejar. Y olvidan que no definir categorías es ya otra categoría. Sería más útil definir cuáles de ellas tienen más posibilidades de contribuir a la emancipación.

Crudo / cocido o biología / cultura

En nuestra comprensión de la realidad hay un elemento binario que —según muchos antropólogos a la estela de Lévi-Strauss— funda lo que es la especie humana. Es la diferencia entre crudo y cocido, entre recolectar y procesar o, generalizando, entre naturaleza y cultura. Son conceptos habitualmente no usados con precisión. Así, es frecuente escuchar a la gente decir que quiere ser natural, compra cosas naturales, quiere ir a espacios naturales o quiere una persona que sea natural. Todo eso se contrapone con lo artificial y, por ende, aun sin pretenderlo, con lo cultural. Los seres humanos somos una especie que, siendo natural (qué otra cosa puede ser una especie biológica), es también artificial. Nuestro sistema de vida y conocimiento solo se pone a punto a través de la educación, que dura muchos años después del nacimiento. Sin ella no somos nada. Ni estaríamos vivos. Ser artificiales y ser culturales no es una opción, es una realidad necesaria. La otra opción es ser una bestia. Y a veces pasa.

Respecto a la relación entre lo biológico y lo cultural, hay que distinguir entre posiciones duras y blandas. La primera de las posiciones duras es la de aquellos que sostienen que las diferencias entre hombres y mujeres no son principalmente producto de la socialización y de los roles que se les imponen, sino que se basan en gran medida en factores biológicos. Suele asociarse a posiciones deterministas que consideran que lo natural es bueno o correcto y que es imposible modificar. La otra posición dura es la de los que defienden que todo es producto de lo social y cultural. Consideran que el ser humano es una especie de tabla rasa en la que se empieza a escribir de cero desde el nacimiento. O antes. Son alternativas ideológicas que no tienen apenas nada que ver con la compleja realidad humana. Que una característica tenga una base biológica o cultural no la hace correcta ni inalterable. Esa dicotomía omite una tercera alternativa de posiciones blandas: que algunas categorías son productos de una mente compleja, por tanto, cambiante e impredecible. En ella se mezcla lo crudo y lo cocido, lo biológico y lo cultural.

Los roles de género no son el producto caprichoso de una sociedad patriarcal que tiene como proyecto sojuzgar a las mujeres. Son el producto de un tipo de instituciones, de discursos, de prácticas, de ideas, de relaciones que, con frecuencia dada su naturaleza desigual, se acaban por volver injustas contra el elemento que tiene menos fuerza, y quizá por eso sea menos inclinada a la violencia: las mujeres.

Mantener que se ignore la existencia de diferencias basadas en el sexo que tienen una base biológica solo puede generar que las relaciones entre ambos sean más difíciles de abordar. Algunas irreales posiciones feministas pueden acabar por desprestigiar su pensamiento y acción política. Es esta la crítica que Marta Nussbaum hace al feminismo del tipo del que defiende Butler: el radicalismo de sus posiciones las desactiva políticamente e impide su relación con otros agentes que luchan por la igualdad y la justicia en todos los terrenos. Sin embargo, en una reciente entrevista en *The Guardian* en 2021, esta importante autora afirma que la identidad no debería ser la base de la política, sino las alianzas y la solidaridad. Lo *queer*, dice Butler en ella, no ha de ser considerado una identidad. Si bien eso se contradice con sus escritos anteriores, es importante lo que ahora define: lo *queer* es una forma de afiliarse a la lucha contra la homofobia.

X. Las estructuras elementales de relación y parentesco

Para indagar acerca del origen de todos estos temas, hemos de retroceder mucho en el tiempo. Hasta una época prehumana. Eso introduce en el razonamiento un factor de inseguridad y literaturización muy elevado. No disponemos ni dispondremos de pruebas o material que sea susceptible de análisis científico, solo de ideas, comparaciones, simulaciones... siempre discutibles, pero no por eso poco importantes.

Podemos pensar en unas poblaciones prehumanas, desde luego antes del establecimiento hegemónico del *Homo Sapiens*, en las que era posible que hubiera una sexualidad difusa, al estilo de los grupos de chimpancés en los que se observan relaciones heterosexuales, pero también con cierta frecuencia homosexuales y promiscuas. Obviamente, no serían definidas como tales. No estarían vinculadas a ciclos o ritmos, excepto, tal vez, a la exclusión de los días en los que apareciera la menstruación. En esos grupos habría una cierta división de tareas y responsabilidades que podemos considerar lógica, ya que el embarazo, parto y la crianza podrían ser acontecimientos en que las hembras alterarían por un tiempo su inserción en los quehaceres de la comunidad. Esa protodivisión pudo ser el germen de la división sexual del trabajo que hoy observamos en las poblaciones actuales de cazadores-recolectores. En capítulos anteriores, he mencionado esta división y sus consecuencias. Corresponde ahora situarlas dentro del amplio campo de las estructuras relacionales y políticas de los sistemas patriarcales.

Este guion tiene importancia, ya que nos indica, tal vez, la división del trabajo más primitiva que ha existido, incluso anterior a las rígidamente sexualizadas de las sociedades posteriores. En algunas de esas comunidades, las tareas de machos y hembras serían diferentes, pero no se asimilarían a las que hoy conocemos. Lo que hacen las mujeres y los hombres en cada cultura y época puede ser muy variable e incluso opuesto. No nos interesa tanto la tarea en sí, sino el hecho de que está escindida. Es indudablemente cultural el cómo se hace, pero es biológico el hecho de hacer esa distinción. Tal vez eso se deba a que la fuente de todo conocimiento, como decía Gregory Bateson, es crear una distinción, establecer una diferencia.

En aquellos tiempos, ya tuvo que haber una conciencia de esa división práctica y simbólica. Podemos suponer que, como resultado de ella, empezaron a aparecer mundos públicos y mundos privados. Una división o separación no es sinónimo de desigualdad, y menos aún de discriminación. Es fuente de conocimiento, pero la experiencia nos informa de lo rápida y universalmente que las diferencias tienden a jerarquizarse y generar desigualdades injustas y segregacionistas. En todas la épocas y culturas. La división sexual del trabajo es universal y, con mucha frecuencia, esa división acaba por establecer algún tipo de marginación de las mujeres. Si no se desea sostener la existencia de una teoría conspirativa universal de los hombres contra las mujeres, hay que tratar de dilucidar cómo eso se ha producido. Dos autores ya clásicos nos pueden ayudar, aunque muchas de sus ideas en algunos campos hoy están bastante desacreditadas: Lévi-Strauss y Freud.

Anteriormente, he mencionado cómo las reglas económicas, lingüísticas y de parentesco crean sistemas de producción y de reproducción que aseguran la continuidad del grupo. A través de esas reglas se establecen formas diferentes de sociedad.

El sistema de parentesco va estableciendo quiénes pertenecen al grupo y quiénes no, quiénes son del clan y quiénes no, quiénes son objeto de intercambio y quiénes no, con quién se pueden mantener relaciones sexuales y con quiénes no. Reglas y tabúes. El más conocido es el del incesto. Los primeros antropólogos pensaron que esa limitación se explicaba por razones biológicas: evitar la consanguineidad. Pero no es así. Si se reproducen personas muy cercanas genéticamente, sin duda se producirán problemas, pero, al ser letales o muy disfuncionales, esos genes no sobrevivirían con el paso del tiempo. Las reglas de parentesco no obedecen a la biología, sino a la cultura. El caso tópico es el de los reyes egipcios que tenían descendencia con sus madres y hermanas, lo que va en contra de la razón biológica y genética. O también se podría afirmar que una madre o un padre pudiese ser una persona que no tuviera relación genética con el hijo. Las personas que adoptan se consideran padres o madres de la criatura, aun no teniendo un parentesco biológico. No es algo raro esa determinación cultural. Lo importante ahora es señalar que esas reglas desafían a la biología, pero no la niegan. La reinterpretan culturalmente. Y en ese proceso crean vínculos, alianzas, deberes..., crean sociedad. Pero el tabú del incesto —creador de vínculos exteriores, generador de buenas relaciones entre grupos vecinos y eficaz contra la endogamia— tiene otros efectos que ya no son tan positivos al actuar de forma diferente sobre hombres y mujeres. Son ellas a las que se intercambia y a las que se convierte en objetos prohibidos o prescritos. En los inicios del establecimiento de este tabú, lo masculino y lo femenino empiezan a perfilarse como mundos diferentes. Eso lleva ineludiblemente a una valoración jerárquica. Uno es más que otro. Es bien sabido quién en las sociedades humanas es considerado el primer sexo y quién el segundo. Es un procedimiento que convierte a los hombres y mujeres en complementarios. Viven, por ejemplo, en un hogar común y acoplan sus tareas. Eso es muy útil, ya que permite una mejor supervivencia. Y al estar juntos tienen fácil acceso a las relaciones sexuales; otra utilidad más. Este sistema es un sistema eficaz y muy adaptativo desde el punto de vista biológico y, en sí, un procedimiento cultural. Conduce a una unidad bisexual complementaria. Pero esta situación se convierte pronto en marginación y superioridad de un polo, el masculino, frente al otro, el femenino. Una vez establecida esa división sexual del trabajo, los hombres dominan la organización social en su beneficio, y a esa forma de hacerlo la llamamos patriarcado.

Es importante señalar que si esto hubiera sido como estoy describiendo, la marginación de las mujeres se iniciaría antes que cualquier política o concepto de identidad según el sexo. En estas tempranas épocas no habría género, pero sí opresión hacia ellas.

Decía anteriormente que las mujeres pertenecen a los sistemas de intercambio social, porque son lo valioso en un grupo humano. Y lo son porque son los individuos reproductores. Sin ellas, nada existiría. Películas como *Hijos de los hombres*, de Alfonso Cuarón, o la serie *El cuento de la criada*, de Atwood, tratan este tema con perspicacia. Curiosamente, lo más valioso para los humanos —su capacidad de reproducción— se convierte para quien lo posee en origen de marginación. O quizá no es tan curioso, ya que incluso entre comunidades de animales se esclaviza en ocasiones a quien ofrece algo valioso para el grupo. Las hormigas, por ejemplo, esclavizan a algunos otros insectos muy valiosos para ellas.

¿Y cómo no pasó al revés? ¿Por qué las mujeres dotadas de esa capacidad reproductora no esclavizaron a los hombres? Tal vez la respuesta se encuentra en la evolución. En muchos de los animales superiores existe un acusado dimorfismo sexual. El macho es más grande, más fuerte y más agresivo que las hembras. El mandato biológico para todo ser vivo es, por decirlo en términos casi bíblicos, el de reproducirse. Para las hembras bastaría con aceptar a cualquier macho. En realidad, suelen elegir, si pueden, a uno sano y lustroso. Da una cierta garantía de obtener un compañero con buena dotación genética y con belleza. ¡Qué más se puede pedir! Pero para el macho la cosa no es tan fácil. Ha de obtener una hembra y ha de competir con otros. Para ello, necesita la fuerza. Una fuerza que se aplica en todas las direcciones, incluida contra las hembras del propio grupo para poder así dominarlas y tener acceso sexual a ellas. En el origen de la reproducción en los animales, y más aun en los animales complejos y superiores, está la fuerza y la agresividad. Eso, unido a los momentos de debilidad de las hembras por su naturaleza reproductora, abona el campo del dominio del macho. La evolución de los homínidos nos muestra que la especie tuvo que pasarlo bastante mal para sobrevivir. Sí, eran los más listos, pero no es fácil ni rápido que eso tenga importancia frente a un mamut o un tigre dientes de sable. Una cierta lucha, competición, fuerza y agresividad ha de estar inscrita no sé si en los genes, pero sí en nuestra herencia, pero ha de estar acompañada por la cooperación. O de lo contrario… te come el tigre. Por eso los partidos amistosos no nos atraen. Ni los juegos de cartas en las que se apuestan garbanzos.

En todo caso, es prudente pensar que el camino no es a lo Dante. No se pasa de un infierno a un purgatorio y después al cielo de la igualdad entre hombres y mujeres. En avance y retroceso, la justicia y la opresión caminarán juntos sin saber cuál será el resultado final. En realidad, decía Antonio Gramsci, científicamente solo se puede predecir la lucha.

Algún tipo de familia parece una exigencia ontológica. Sin ella, la especie no hubiera sobrevivido. La antropología nos muestra que la diferencia es el tipo de familia que se crea, que es, de hecho, muy distinta y aun opuesta en su estructura y funciones en unos lugares frente a otros. Eso responde a variables ecológicas y culturales. No son biológicas ni son un producto del capitalismo, sino que están en el origen de la humanidad. Friedrich Engels, en *El origen de la familia, la propiedad privada y el Estado*, lo vinculaba con el desarrollo de las sociedades neolíticas estatales. En buena medida es verdad, sobre todo si pensamos en las formas familiares que han llegado hasta la actualidad. En las familias burguesas y proletarias, típicas del capitalismo del siglo XIX y XX, empezó a ser posible que un número notable de mujeres adquirieran cotas de libertad impensable en otras épocas. El capitalismo, más interesado en los números que en las personas, lo posibilitó. No olvidemos que fue en medio de los sistemas capitalistas donde el feminismo se creó, se expandió y generó la revolución feminista. Lo decía Foucault: Toda opresión genera espacios de resistencia. No fue fácil, no fue gratis. Se pagó con dolor y sangre.

Estructuras más o menos familiares han sido necesarias para garantizar la reproducción de la especie. Sin embargo, y sin ánimo de hacer ciencia ficción, las cosas están cambiando. Y la biología de la reproducción va perdiendo terreno. Se está dando una progresiva descorporeización del cuerpo humano. La tecnología podrá hacerlo. Pero lo que aún no sabemos es si eso producirá una mutación de la esencia de la especie humana. Pero no hay que escandalizarse ni alarmarse. Los seres humanos siempre hemos intervenido en nuestro cuerpo. Desde tatuajes hasta la píldora. Lo importante es que ahora hay posibilidades de transformación anatómica, química o genética antes imposibles. Somos una especie de *homo* que provenimos de cambios y mutaciones ocurridas en especies anteriores, las cuales se transformaron en otras de forma irreversible y drástica. Todo puede cambiar, incluso la esencia de la especia humana, que pasaría a ser otra cosa. Lo cíborg apunta en esa dirección. Pero no hay que confundir posibilidades más o menos reales con fantasías pseudocientíficas. Alguno de los textos de Beatriz Preciado es un buen ejemplo. Preciado propone un contrato contrasexual que permita que los cuerpos se reconozcan a sí mismos no como hombres o mujeres, sino como cuerpos parlantes y reconozcan a los otros como cuerpos parlantes, de forma que puedan alcanzar el orgasmo no genital. Bastantes de sus posiciones suenan extravagantes y no parecen tener conexión alguna con ninguna realidad biológica ni política ni farmacológica, que es de lo que dice que habla. Según ella, vivimos en una época del capitalismo que denomina *farmacopornográfica*, en la que la biotecnología de la sexualidad y del cuerpo tienen centralidad económica en esta fase del capitalismo. La tecnología farmacéutica, ejemplificada por el uso de la píldora anticonceptiva, está cambiando las almas, dice. Su teoría, si le cambiásemos los términos, sería la misma de los que imaginan un chip en las vacunas anti COVID-19 destinado a dominar el mundo. Lo que sí es cierto es que lo sexual y lo reproductivo están cambiando. Así, como he mencionado, la píldora ya desacopló sexo de maternidad, pronto la tecnología permitirá tener hijos al margen del útero materno, de las relaciones sexuales e incluso se podrán crear óvulos o espermatazoos artificiales.

El auge de la medicina estética es innegable. Y pronto irá mucho más allá de operarse la papada, la grasa corporal o las tetas. En otro orden de cosas, el cine también cambia la corporalidad y la sexualidad, aunque es difícil poner al cine en la misma casilla que las cirugías de aumento mamario, por ejemplo.

XI. Patriarcal y patrilineal

El antropólogo Carel van Schaik, director del Museo de Antropología de la Universidad de Zúrich, ha aportado en algunos de su textos ideas sobre el patriarcado que son interesantes, otras resultan obvias y algunas fantasiosas en la medida que afirma cosas que no podemos saber. Y es peligroso dar por ciencia algo que tan solo es una interesante especulación, pero nada más. Desde luego, la imagen del macho arrastrando del pelo a la hembra hasta la cueva, a saber con qué propósitos, es una barbaridad, por mucho que haya inspirado libros de historia, novelas y filmes. También podemos calificar de «poco reales» los bikinis de Raquel Welch en *Hace un millón de años*. Sí sabemos que hace unos diez mil años se empezó a desarrollar en varios lugares de la Tierra una agricultura sencilla. Podemos suponer, por analogía con las actuales sociedades de cazadores-recolectores, que las mujeres trabajaban la tierra en un régimen de propiedad comunal y tenían una gran influencia social, mientras que los hombres se dedicaban a cazar grandes piezas. Las mujeres contribuían al sustento común con tubérculos, frutas y caza menor. Incluso cabe pensar que, con el cambio climático y el aumento de la población, la caza acabó por no ser un recurso tan importante, con lo que sería probable que los hombres pasaran el día deambulando, añorando su glorioso pasado de cazadores. Estaríamos ante los primeros desempleados.

También, por analogía con los grupos actuales, podemos pensar que en esas sociedades habría muchas actividades de las que se encargaban ambos géneros. El único secreto del éxito del ser humano, recuerda Yuval Noah Harari, reside en esa capacidad para trabajar en equipo. Y, sobre todo, la cultura, esto es, la creación de instituciones sociales: conjuntos de prácticas comportamentales guiadas por distintos tipos de normas y reglas que los individuos reconocen mutuamente. Tomasello señala la importancia de la evolución cultural acumulativa, producto del progresivo aprendizaje exponencial que se da entre los seres humanos. Los *homo sapiens* crearon formas muy eficaces para actuar y pensar cooperativamente hasta un grado desconocido en otras especies, lo que les permitió actuar en casi todos los ambientes y desarrollar numerosos mundos culturales apropiados a ellos y bien adaptados al medio en el que se daban.

Los padres en comunidades actuales, pero probablemente similares a los de aquellos tiempos, contribuyen a la alimentación y educación de los niños. Es muy posible que estén biológicamente programados para hacerlo. Por ejemplo, cuando nace un niño, parece que se producen en esos varones cambios hormonales inmediatos. En esas sociedades todos los individuos participan en la vida de la comunidad. No estoy planteando la idea de la existencia de un paraíso primitivo al que habría que retornar, pero sí parece cierto que esas pequeñas comunidades habían de estar muy bien coordinadas si querían sobrevivir en un medio muy peligroso. Es un dicho manido, pero cierto: hace falta un pueblo entero para educar a un niño. Es de suponer que, al principio, la madre sí que se pasase una buena parte de su tiempo en contacto directo con el niño recién nacido, pero el resto del tiempo se ocuparían de su cuidado otras personas.

Marylène Patou-Mathis, del Centro Nacional de Investigaciones Científicas de Francia, señala que la arqueología ya va mostrando que la participación de las mujeres en la vida de la comunidad hubo de ser igual de intensa que la de los hombres. Es lógico, comunidades tan pequeñas y amenazadas no podían permitirse otra cosa. Algunas afirmaciones en este terreno no pueden ser sino especulaciones más o menos creíbles pero, en todo caso, merecen ser tenidas en cuenta. Algunas de las manos pintadas que se han encontrado en cuevas parecen anatómicamente femeninas, lo que apoya la idea de que las pinturas fueron realizadas por mujeres.

El problema de sacar conclusiones acerca de los detalles del modo de vida del Paleolítico es que no tenemos apenas ningún registro directo, y muchos se obtienen por extrapolación de las actuales poblaciones de cazadores-recolectores. Eso es científicamente cuestionable. Ya Lévi-Strauss señalaba que esos grupos no eran paleolíticos detenidos en el tiempo. Han tenido su propia evolución, y nada autoriza a asimilarlos a los grupos humanos de hace veinte mil años.

No estamos atrapados en la biología. A menudo, la cultura es mucho más restrictiva. Aunque es posible que el poder lo detentaran los hombres, no podría tratarse de un patriarcado en el sentido jerárquico y opresor con el que se usa este término.

Las comunidades primitivas no estarían exentas de violencia, pero no fue muy elevada. Tuvieron que aprender que si se estableciera un régimen de terror, la comunidad en poco tiempo desaparecería. De nuevo hay que decir que la imagen de cómic de garrotazo y a la cueva por los pelos no pudo ser cierta en absoluto.

Los seres humanos no tenemos instintos. Tampoco el maternal. Los hombres son bien capaces de criar hijos y protegerlos como las madres son capaces de abandonarlos en según qué circunstancias. Ni la maternidad es un instinto ni el patriarcado tampoco. Si lo fuese, siempre habría existido como ocurre con los sistemas familiares. No sabemos con precisión cómo pudo surgir el patriarcado, pero hemos de alejarnos de la paranoica idea de que fue un complot de los hombres. No se puede postular sin más que las primeras estructuras sociales fueran patriarcales. Sus sistemas de organización, fueran los que fueran, están muy alejados temporalmente de los que se producen después de la revolución neolítica.

Si observamos los datos de las sociedades neolíticas, ya históricas y por consiguiente con ciertos registros escritos, vemos cómo el auge de la producción de bienes, de la estratificación del trabajo y del desarrollo de una agricultura intensiva cada vez más eficaz fue dando origen a la propiedad privada, a la familia y al estado, como con acierto describió Engels. Empezaba a haber bienes que defender, *status* que conservar. Pronto aparecen los estados fuertes, los ejércitos y las clases sociales. Eso en algún momento trajo la guerra que, esa sí, es cosa de los más fuertes y brutos: cosas de hombres. Al quedarse las mujeres en las casas, muchas veces aisladas y fuera de sus relaciones familiares y territoriales, se acabaron por convertir en máquinas de criar bebés, a poder ser masculinos para engrosar los ejércitos. Más aún, se vieron convertidas en una mercancía, incluso en algo que se podía robar. Y a las que había que vigilar y proteger. El círculo de la marginación se cerraba. Al menos desde la revolución industrial que se inicia a finales del siglo XVIII y primeros del XIX, se vive en células familiares aisladas, pequeñas y muchas veces lejos de los lugares de origen. En ellas se tiende a obligar a que la madre se tenga que quedar en casa con los niños, ya que no hay un sistema comunitario que la ayude. Este reparto del trabajo, que no viene dado ni por Dios ni por la naturaleza, es un sistema que genera desigualdad y, al final, marginación. Aquí empieza ya a existir de forma generalizada un tipo de patriarcado celular, asfixiante e injusto hasta la crueldad.

División sexual del trabajo

Las diferencias anatómicas entre hombres y mujeres —dimorfismo sexual—, también se constatan en su comportamiento. A lo largo del tiempo, la prioridad del varón es conseguir una posición jerárquica más alta, un *status* más elevado y la capacidad de dominar las relaciones en el grupo. De tal forma, otros aspectos, como tiempo, placer, salud, seguridad física, afecto, etc., quedan relegados. No hay ninguna variable biológica que, en sí misma, objetivamente correlacione con la discriminación. A partir de la diversidad biológica, se crea una brecha de desigualdad, cuya evolución depende de variables sociopolíticas. Uno de los resultados es la división sexual del trabajo. Esta diferencia de orden práctico acaba por generar jerarquías que alteran las relaciones de poder y prestigio entre los hombres y las mujeres.

Se puede afirmar sin muchas dudas que la división sexual del trabajo es tan antigua como el desarrollo de la especie *homo,* por lo que sabemos de los registros fósiles y la observación de las actuales sociedades de cazadores-recolectores. En las sociedades primitivas, las condiciones de higiene y salubridad eran malas, con un elevado índice de mortalidad que exigió una cierta especialización de tareas que garantizase combinar la crianza, la producción y la caza. Más tarde, cuando en el Neolítico aparecen los excedentes de producción en la ganadería y la agricultura, los más fuertes físicamente, los hombres, se apropiaron de ellos convirtiéndolos en su propiedad privada. Para asegurar esa propiedad, no solo para ellos —sino también para sus herederos— se institucionalizó una familia cerrada controlada por varones. Y ahí tenemos ya un sistema patriarcal, esto es, un sistema político y social en el que la predominancia, las decisiones y el poder lo tienen ellos. Ese sistema creado tan tempranamente en el desarrollo de la humanidad ha seguido desarrollándose a lo largo de los siglos. Con épocas más liberales y épocas más siniestras. Hay que llegar al siglo XX para que como consecuencia de las luchas feministas se cuestione de manera eficaz ese sistema.

Generalmente, el patriarcado hace que se cree, al tiempo, un sistema patrilineal en el que los apellidos, el nombre del clan o el totémico, la genealogía y la pertenencia vienen por línea paterna. Pero en bastantes culturas esto no es así, sino que la filiación, el parentesco y la pertenencia al grupo vienen mediados por la línea materna. Son sociedades matrilineales. Esta situación da mucho poder. En las sociedades judías, por ejemplo, se considera judío a quien es hijo de una mujer judía. Y eso al margen de sus creencias o prácticas religiosas.

En las sociedades occidentales, que son fuertemente patriarcales y patrilineales, se conservan con claridad restos de los sistemas matrilineales. Es muy común que en un matrimonio las relaciones personales, las decisiones y las costumbres se vinculen con mucha más fuerza a la familia de la mujer. Lo que supone con cierta frecuencia una cierta tensión dentro de los matrimonios patriarcales —de ahí, los chistes sobre suegras— entre la preponderancia de lo matrilineal o lo patrilineal.

Kate Millett explicó, de una hábil manera, el concepto de patriarcado explicando los sistemas de opresión de las mujeres tan variados y extendidos a través de todas las épocas de la historia desde el Neolítico hasta ahora. En todos los modos de producción y en todos los contextos históricos y geográficos. En su libro *Política sexual*, desarrolla una historia de evolución del pensamiento feminista en la que casi todas las dimensiones de esa opresión fueron analizadas: la reproducción, la religión, la misoginia, el aborto, la esclavitud doméstica, la marginación política y legal o el complejo de Edipo freudiano.

Su pensamiento sobre el patriarcado, escrito en 1970, tuvo el mérito de poner en primer plano problemas reales de la vida cotidiana de las mujeres y necesidades reales de la acción política, alejándose de los incomprensibles estudios culturales universitarios. Afirma que ambos son iguales en lo emocional y lo intelectual. El patriarcado —hoy puede parecer una obviedad, pero no en su época— nada tiene que ver con la biología, sino con la política. Para ella, el género era la estructura de personalidad que se derivaba del hecho sexual. En el núcleo de su pensamiento destacan dos proposiciones. Una es que el género es un elemento constitutivo de las relaciones sociales basadas en lo que distingue a los sexos; y la otra, que es una forma primaria de relaciones significantes de poder. Una de sus frases más famosas e indiscutibles afirmaba: «El amor es el opio de las mujeres». ¿Se puede decir algo tan político con más claridad y brevedad? No solo se dedicaba a la crítica teórica, sino que implementó una amplia variedad de activismos vinculados siempre con las políticas de igualdad, con las de clase social, el antirracismo y la independencia económica de las mujeres. Eran, para ella, esos cambios los que derribarían al patriarcado. Un pensamiento, tirando a anarquista, que pedía un cambio en la vida cotidiana para derribar ese injusto sistema social. Antes que ella, Virgina Woolf lo había dicho de manera tal vez menos eficaz, pero con la fuerza de la poesía en su obra *Una habitación propia.* Lo que necesitaba una mujer para ser independiente era disponer de una habitación propia y unas cuantas guineas.

Bajo la óptica del postmodernismo y postestructuralismo, han emergido posiciones de difícil comprensión y justificación que han querido diluir o banalizar toda diferencia sexual, anatómica, biológica o psicológica. Sin embargo, otras autoras, de las que fue pionera Millett, han comprendido los problemas del género inmersos en más amplios análisis históricos, sociales e institucionales que tienen efectos materiales sobre todas las personas. La comprensión de la interacción del cuerpo, el sexo, el deseo o el género se han visto afectados, por ello, de una manera por lo general liberadora. Al añadir una dimensión política, concreta un análisis sobre la opresión patriarcal que crea instrumentos más poderosos de lucha política. Eso es lo que ella pretendía.

Se ha venido sugiriendo que conceptos como patriarcado y similares son insuficientes para dar cuenta de las desigualdades y de las relaciones de dominación sobre las mujeres. La injusticia opera a través de múltiples ejes de diferenciación social y de relaciones de poder. Los trabajos, por ejemplo, de *bell hooks* (pseudónimo por el que le gustaba ser conocida Gloria Jean Watkin) plantearon la necesidad de integrar la teoría, el concepto y la práctica al género, la clase social, la raza, la etnia, así como las relaciones de dominación que se reproducen entre ellas mismas. Más aún, redunda el concepto de mujer, que ha de ser revisado, ya que es demasiado general y poco complejo. Al no discriminar entre diversas situaciones y condiciones, se vuelve abstracto e inútil. En esas ocasiones, el empleo del término género quiere sonar más neutral y objetivo que el de mujeres. Trata de subrayar la seriedad académica de una obra. Pareciera ajustarse así a la terminología científica de las ciencias sociales y desmarcarse de las, a veces, estridentes políticas de algunos feminismos. De esta manera, no se nombra a la mujeres, a ninguna mujer. Es un concepto puro y sin biología. Coincido con *bell hooks* en criticar esta posición timorata.

Masculinidad hegemónica

Algunas críticas al patriarcado —masculino, heterosexual, blanco, occidental— que han venido después de Millett, tal vez algo embriagadas por su éxito conceptual y político, se han deslizado hacia la exageración y la mera especulación. Eso ocurre cuando se pretenden postular matriarcados ancestrales, diosas blancas; cuando se valora a los seres humanos por sus genitales o cuando se pretende abolir realidades biológicas. Y, en el lado opuesto, se desarrolla la obvia zafiedad del patriarcado machista que se disfraza de formas de libertad o de avances científicos. Un artículo publicado en el diario *El País,* por Najat El Hachmi, es significativo a este respecto. Analiza allí el ridículo esperpento de Jeff Bezos, millonario propietario de la compañía Amazon, con su inútil y absurdo viaje de unos minutos al espacio para su brillo personal. Millones de dólares invertidos en una tontería de cohete, con forma de falo, mientras que no paga impuestos en muchos países, establece sueldos de miseria en muchos de sus negocios y arruina muchas pequeñas empresas locales con su prepotencia y estrategias de competencia desigual. Se trata de un caso paradigmático de tener dinero y cojones para nada.

El concepto demasiado general de patriarcado se puede concebir de una manera más útil, como hace Beatriz Ranea, en términos de una masculinidad hegemónica, aunque sea una definición un tanto ambigua. Ser hombre, afirma Ranea, es un proceso de encarnación de los mandatos y pruebas de la masculinidad. Sin duda, es cierto, aunque esta no sea la única definición, sino una de ellas.

En una sociedad patriarcal, tanto los hombres como las mujeres han de comportarse de la forma prescrita y evitar la proscrita. En el caso de ellas, ocurre que, además, han de ser complementarias y secundarias a ellos. La heterosexualidad es uno de los pilares del patriarcado, pero no es —como a veces se afirma en algunos feminismos— esencialmente perversa y negativa. Lo que es perverso y negativo es el uso que se hace de esa realidad en todas las sociedades postneolíticas, que organizaron sistemas estatales estratificados y patriarcales. Definirla como una opción más entre otras es pensar, por ejemplo, que las trisomías genéticas o el autismo son simplemente una opción más de lo humano y que estarían dentro del catálogo de lo deseable y no solo de lo respetable y protegible. Dice Ranea que los hombres heterosexuales nunca han sido perseguidos por ello. No tiene en cuenta que la presión hacia la masculinidad normativa es para ellos muy fuerte. Ambos en una sociedad patriarcal están atravesados por la violencia, pero de diferente manera. La competición, la represión de la sensibilidad y de la empatía y el uso de la fuerza son los modos de entrenamiento de la conciencia masculina. La sumisión y la emocionalidad, de la femenina. No suelen ir acompañadas de violencia porque son tan habituales que no es necesaria. Pero cuando algún hombre o mujer se separa de esa normativa sufrirá las consecuencias. Si a un hombre, y no porque esté en el terreno homosexual, no le gusta el deporte, ama las flores, le entusiasma la poesía o se emociona con el arte, le caerá encima el peso del sistema masculino dominante. Si una mujer se declara feminista y escapa de las normativas sociales, le caerá también ese peso. En el caso de las mujeres, con más brutalidad y violencia física, porque representa una amenaza muy grande al sistema hegemónico.

La decadencia occidental, por múltiples factores que aquí no analizaré, está cambiando las bases de la sociedad patriarcal. Ya no es tan útil al sistema social. Y eso irá teniendo impacto en el mundo entero, aunque no estará exento de sufrimiento. Más bien al contrario. El avance conceptual y práctico del feminismo es una de las razones más significativas que hace que el mundo tradicional esté entrando en una crisis seguramente irreversible. Eso produce nuevas libertades y, también, ansiedad y miedo. Y sabemos que esas emociones generan depresión, sumisión, envidia e ira. Estamos ante una de las explicaciones del auge de la violencia conceptual, física y social contra la homosexualidad y el feminismo.

La incertidumbre económica, el desempleo, la marginación de las clases sociales más pobres, la emigración, la llegada de un mundo global y digital con claves —de las que mucha gente no dispone— crea una situación que los partidos de ultraderecha recogen y ofrecen volver a un mundo antiguo y patriarcal a la antigua usanza. Seguramente, no lo conseguirán, pero pueden generar mucho sufrimiento y violencia mientras lo intentan.

TERCERA PARTE

FEMINISMOS: MILITANCIAS, TRANSMILITANCIAS Y ANTIMILITANCIAS

XII. Movimiento Feminista Antifeminista

A Butler se le suele considerar una de las fundadoras del movimiento *queer* y, aunque no lo admite, parece claro que utilizan muchas de sus propuestas. De esta pensadora vienen muchas de las ideas más importantes sobre el género, sobre lo *queer* y también alguno de los disparates más impactantes.

La crítica de Judith Butler

Una de sus aportaciones fue declarar que el concepto mujer no podía ser considerado algo único y definido. Para Butler, esa generalización evitaba formas de luchas que hacían más eficaz la liberación. En este aspecto, aunque por razones muy diferentes, coincidía con los planteamientos de *bell hooks* y otras feministas anticolonialistas. Piensa que las luchas típicas de los movimientos feministas, de gays y de lesbianas, al centrarse en la identidad —habitualmente eurocéntrica, blanca y acomodada—, siguen siendo binarias y asumen, implícitamente, que esas categorías contienen algo objetivo y esencial. Y, por ello, no tienen fuerza de transformación. Hay algo de cierto en lo que afirma, pero, al descartar el concepto mujer, deja fuera de juego a millones de mujeres y a muchas de las políticas de esos movimientos.

Según Butler, los cuerpos no determinan los géneros, y ellos, a su vez, no determinan deseos. Esa desconexión puede ser parcialmente verdad en algunos casos, ya que estamos ante campos diferentes, el biológico y el existencial, entre los que no hay una relación unívoca. Pero convertirla en categoría general de lo humano es una idea que desprecia la realidad de los cuerpos sexuados. Lo que sí resulta interesante es su idea de que el género se constituye por la presencia del placer y del deseo, ya que, sin duda, eso es fundamental en la construcción de la identidad, y muchas veces no se tiene en cuenta. Para ella, las diversas culturas y evoluciones históricas muestran que no hay nada que sea fijo en ellos y que no necesitan ser binarios como el pensamiento dominante los ha definido. Sin duda, eso tiene mucho de cierto, aunque convierte esas variaciones en categorías absolutas con lo que las convierte en objetivas. Creo que eso era precisamente de lo que huía.

Un concepto fundamental en esta autora es el de performatividad. Eso significa que el género proviene de lo que se hace, no de lo se quiere o piensa. Es una actuación, una forma de comportarse que habitualmente no es libre ni decidida, sino fuertemente codificada por el sistema cultural y, por tanto, expresa relaciones de poder. Solo con el tiempo y la conciencia, las personas se van haciendo cargo de las actuaciones que quieren desarrollar y crear su posición existencial. Por tanto, dice Butler, no hay una auténtica realidad de género o sexualidad, sino que todas son aprendidas, admitidas y ejecutadas. No hay esencialismo alguno. No habría, por tanto, homosexuales ni heterosexuales que puedan ser concebidos como tales. Esas son definiciones performativas, que ejecutadas por cada persona se van configurando como tales. Es un concepto un tanto etéreo, pero, si no es mantenido desde un punto de vista absoluto o esencial, tiene bastante razón. Si ese discurso se hace total, pasa algo parecido a lo de Don Quijote. Él ve gigantes, aunque sean molinos, pero —por equivocado que esté— lo que ejecuta a continuación es muy coherente, y va construyendo un mundo privado de caballero andante que funciona hasta que todo se desploma, cuando se ve confrontado con una realidad que no puede ignorar. Don Quijote paga un precio por ello, pero Butler, académica, no corre ese riesgo.

Para Butler no hay nada real detrás de las expresiones y definiciones de género. La identidad es performativamente construida por las mismas «expresiones» que se consideran los resultados de esas acciones. Un círculo cerrado. Lo que una persona hace es lo que encuentra. Lo ha creado con su acción. No lo ha descubierto. El género no es la causa de lo que hacen las mujeres, es el efecto que se produce dado el cómo se comportan. Lo biológico existe, pero no tendría ninguna importancia.

Esta autora piensa que las prácticas sexuales prohibidas, bizarras, minoritarias y no heterosexuales son las que hacen tambalear las categorías normativas de género y crean una nueva conciencia. Aunque es una académica que trabaja en la Universidad de Berkeley, California, dice que hacer es más importante que decir..., pero decir, lo que se dice decir, ha dicho mucho. Sobre el tema que nos ocupa son clásicos sus libros *El Género en disputa* y *Cuerpos que importan.*

Tal vez, con cierta simplificación, podemos decir que sus teorías son performativistas y construccionistas. Es decir, el género es una construcción social y se produce a través de las prácticas vinculadas a la sexualidad. Dar una muñeca a una niña sería un ejemplo simple de esa performatividad. Hasta aquí, sus planteamientos no se alejan de las teorías postmodernas constructivistas. Donde va más allá es cuando mantiene que el género —lo masculino y lo femenino, el sexo y la sexualidad— no tiene nada de natural ni biológico, sino construido. Algo de esta afirmación puede ser sostenido con matices importantes, como veremos más adelante al hablar del constructivismo y sus exigencias epistemológicas. Butler, partiendo de ideas que pueden ser compartidas desde numerosas perspectivas críticas, llega a ideas y conclusiones extremas que, en ocasiones, rozan el absurdo. Un problema con todas estas rompedoras teorías es que no se apoyan en experiencias, experimentos o diseño de investigación alguno. Son pensamientos. Nada más y nada menos.

Su idea de la capacidad creadora de las palabras proviene de la lectura del ensayo *Cómo hacer cosas con palabras*, de John L. Austin, un trabajo que supuso un buen apoyo a la denostada palabrería de tantos intelectuales. No se trataba tan solo de pedantería y de erudición. En según qué circunstancias, hablar y nombrar crea realidad. Algo que de una manera más tosca, pero más poética, ya había comprendido quien fuera el autor del Génesis bíblico. Recordemos que la primera tarea de Adán fue poner nombre a las cosas. Era una actividad performativa, ya que así pasaban de ser naturales y ajenas a pertenecer al Paraíso que él estaba tratando de controlar.

Hasta llegar los trabajos de Butler, el feminismo ya había sostenido la interpretación cultural del sexo, pero presuponían que era biológico y que no dependía de las configuraciones sociohistóricas que tan solo se ocupaban de interpretarlo en cada situación. Ella considera que conceptos como sexo, género y deseo son construcciones culturales, falsamente tomadas como biológicas y, a continuación, deduce que oprimen al individuo. El género, según su planteamiento, es el efecto de una serie de actos performativos que, a partir de su reiteración, se constituyen como naturales dentro del discurso de poder. Todas esas realidades serían producto de acciones realizadas una y otra vez que acaban por interpretarse inherentes y lógicas. Propone como opción conductas performativas y paródicas para denunciar y superar las definiciones del discurso hegemónico dominante. Tiempo después, negó que hubiera sostenido que el sexo no existía, sino que simplemente había afirmado que la idea de un «sexo natural», organizado en dos posiciones opuestas y complementarias, es un dispositivo mediante el cual el género se ha estabilizado dentro de la heterosexualidad que caracteriza a nuestras sociedades. Suena a la sentencia española: «Donde dije digo, digo Diego».

Es interesante observar que todo esta compleja teoría de la performatividad proviene —dice con cierta maldad Nussbaum— de una mala comprensión de la mencionada obra de Austin.

Todas estas afirmaciones pueden sonar demasiado simples o demasiado complejas, pero creo que, en lo que antecede, he referido sus ideas con el mayor rigor y claridad que me ha sido posible. Cualquiera que haya leído este libro pensará que no ha sido fácil.

Tanto Butler como algunas pensadoras feministas abordan el género como una categoría histórica, como una manera de configurar culturalmente un cuerpo abierto a una continua remodelación. Ni la anatomía ni el sexo escapan a la normativa cultural. La discusión no es si eso se da o no, lo cual es prácticamente obvio, sino cómo y en qué medida. Ni siquiera lo más estrictamente biológico y genético permanece estable. Hay variaciones como muestran los estados intersexuales. Lo que no cambia es la definición de una dicotomía que no corresponde estrictamente a la realidad, como tampoco lo hace la concatenación de todas las diversas condiciones sexuales que se han venido describiendo. Ni lo dicotómico ni lo múltiple necesitan postularse como reales. Nos vale con que sean útiles. Términos como masculino o femenino están notoriamente sujetos al cambio. Existen historias sociales para cada una de sus definiciones. Su significado cambia radicalmente según las fronteras geopolíticas y las obligaciones culturales. Y son esos cambios a lo que llamamos políticas o prácticas de biopoder.

La crítica a Judith Butler

Su pensamiento es tan radical que no solo desafía a las posiciones tradicionales, sino también a las de gran parte del feminismo y del pensamiento de la izquierda. Tan original que en muchas ocasiones es completamente incomprensible por su abstracción y por sus oscuros razonamientos. Tanto que en ocasiones ha tenido que retractarse. Recuerda y amplifica los crípticos textos de los llamados estudios culturales anglosajones y de los postestructuralistas franceses. Y si así fuera, ¿qué importancia tiene su trabajo?, ¿por qué no dejar que quede en el olvido? Ocurre que, en medio de esa farragosa escritura, aparecen ideas sumamente interesantes que, rescatadas del magma de sus textos, pueden tener mucha utilidad, bien porque señalan algún aspecto de las cuestiones de género que son importantes o bien porque pueden fertilizar otras corrientes de pensamiento y del propio feminismo.

Si se revisa la bibliografía sobre feminismo basada en su obra, se verá que en la mayoría de los textos glosan las mismas cosas que ella escribió. Hasta ahora apenas había nuevas aportaciones o críticas. Como si sus textos se hubiesen considerados sagrados y nadie se atreviera a cuestionarlos. Durante mucho tiempo, eso pasó también con Freud, Marx y, más aún, con Lacan. Sin embargo, en la actualidad, sí están apareciendo críticas desde otros ámbitos feministas, académicos y activistas de izquierdas. Como he venido mencionando, sus textos están llenos de ideas que alimentarían el pensamiento y el activismo, pero al ser tan absolutos e incluso arrogantes, parece que solo quepa ser proButler o antiButler.

Hay tres grandes dificultades conceptuales en sus trabajos. Una es que pretende que algunas variantes de sexo, que son anomalías genéticas, constituyan una entidad ontológica humana, una posición existencial tan importante e incluso deseable como cualquier otra. Como ha señalado Nussbaum, confunde los derechos humanos con la naturaleza de lo humano. Así, por ejemplo, las trisomías de los cromosomas, sexuales o no, cursan con frecuencia con problemas mentales o físicos. Quien los padezca es un ser humano que tiene derechos, merece respeto, dignidad y apoyo. Y cualquier sociedad que se precie ha de dárselos. Pero de ahí a considerarlos una variante más de lo humano e incluso superior y deseable, hay un abismo.

Otra dificultad es que Butler y algunas pensadoras del feminismo y de la izquierda parecen considerar que el que algo sea biológico o tenga una base biológica es sinónimo de opresión o neofascismo. La reproducción sexual es biológica y, sin duda, no existiríamos sin ella. Sobre ese hecho, las diversas sociedades han desarrollado con excesiva frecuencia tremendos sistemas de agresión y opresión. El sexo y el género, asignado o elegido, no son un problema en sí mismos mientras no se jerarquicen a la inversa, no se quiera negar su existencia ni se abomine por principio de toda dicotomía. Son moralismos ideológicos que impiden la lucha por aliviar el sufrimiento y el reconocimiento de la diversidad corporal, sexual y cultural que existe, y de la que está hecha la complejidad humana y su libertad.

A estas dificultades habría que añadir una tercera que ha señalado Nussbaum, cuyos trabajos sobre feminismo son también engorrosos, pero más rigurosos. Critica a Butler porque reduce el género a discurso y promueve una forma de voluntarismo basado en la realización de parodias, como las que realizan las *drag queens* o los *drag kings*. Cada vez más corrientes feministas no aceptan la desaparición del cuerpo y el sexo en manos del lenguaje y la *performance*. Sostienen, por el contrario, que el género se apoya en el cuerpo y que no tenerlo en cuenta acaba por negar precisamente el cuerpo de la mujer y su singularidad. Nussbaum incluso llega a sostener que hace afirmaciones legales que se consideran erróneas desde las corrientes más progresistas de la teoría del derecho y se aleja de «proporcionar una teoría normativa de la justicia social y la dignidad humana».

En esta línea, algunas personas que están a favor de sus teorías opinan que, con frecuencia, se utilizan sus ensayos como un desahogo terapéutico y no como una teoría fundada.

Las diversas teorías *queer* son, como toda producción social, herederas de su tiempo. Hijas de la postmodernidad, han generado una serie de discursos que reflejan y critican, pero también refuerzan los lugares comunes de la ideología neoliberal que ha dominado en los últimos años. La creencia en el fin de las ideologías, en la desaparición de las clases sociales, en el individualismo y en la atención exclusiva a los procesos de subjetivación son algunos de los elementos que se observan en sus discursos. A modo de curiosidad, la mirada *queer* se plantea qué diferencia hay entre una mujer con un dildo y un hombre con una erección o entre una *drag queen* y May West. Y lo plantean de verdad, no lo ven.

En 1998, la revista *Philosophy and Literature*, en su cuarto Concurso de mala escritura, otorgó el primer premio a Butler destinado a «celebrar la mala escritura de los pasajes estilísticos más lamentables encontrados en libros y artículos académicos». Y esto no es anecdótico. Escribir de la manera que hace Butler o sus admirados Lacan o Derrida, no tanto en el caso de Foucault, es también un sistema de creación de poder y discriminación. Puro elitismo. Y si cualquiera se atreve a decir que sus escritos no son comprensibles, se le mira con displicencia: no está a la altura. Es el viejo cuento de *El traje nuevo del emperador*. ¿Quién se atreve a decirlo? Decía el Nobel de Física, Richard Feynman, que quien sabe algo de verdad es capaz de contárselo a su abuela, y que ella lo entienda. Nancy Fraser, otra importante teórica, afirma que los enfoques de Butler nos alejan de las formas cotidianas de hablar con las que las mujeres y hombres de todo el mundo logran entenderse y progresar en su lucha por la justicia y la igualdad.

Hay, además, otras críticas al feminismo que vienen de fuera de los campos más tradicionales del feminismo o de la izquierda. Dos ejemplos llamativos son Camila Paglia y Clarissa Pinkola.

Paglia, influenciada por Susan Sontag, se inclinó hacia un feminismo radical, aunque luego se desencantó por su postura de mandarín. También renegó de otros autores como Derrida, Foucault o Lacan. Su posición acerca del ámbito público y privado de la mujer se describe en *Sexual Personae*, un libro interesante, pero extravagante, por lo que la publicación fue difícil.

Su trabajo critica el movimiento feminista por excesivamente activista, escasamente reflexivo y drásticamente antimasculino, opinando que ese movimiento ha cometido el gran error de dar por hecho que el hombre tiene el poder verdadero, siendo, por el contrario, que la identidad masculina es muy frágil. Sin duda, constituye una llamativa idea. Su posición a favor de lo masculino o de la prostitución le crearon numerosos problemas, así como su polémica idea de que el feminismo se ha disuelto en acciones y mensajes en redes sociales y una sobrerreacción irracional, mientras que otras mujeres con una posición más sensata y racional son marginadas. Paglia piensa que muchas de las mujeres trabajadoras de clase media son extremadamente infelices, y le echa la culpa al hombre, pero ella los considera víctimas también. Su lenguaje áspero, brutal, su posición furiosamente atea y descarada le hace con frecuencia impopular, aunque sus posiciones son compartidas por muchas personas.

Por su parte, Pinkola, jungiana y especialista en estudios interculturales, ha trabajado con mujeres con diversos tipos de problemas de violencia y marginación. Es autora del curioso libro *Mujeres que corren con los lobos*. Le hizo popular la idea de que dentro de toda mujer hay una fuerza poderosa y creativa. Es la mujer salvaje eternamente reprimida. En su libro analiza mitos, cuentos de hadas e historias propias para llegar a ayudar a las mujeres a recuperar su fuerza y su esencia instintiva. Una idea sencilla y esotérica que resulta atractiva para muchas personas que tratan de encontrarse con su espiritualidad, con su subjetividad y seguir los dictados de su intuición profunda. Su trabajo suena a lo que seguramente es: palabrería *new age*, pero atractivamente contada.

XIII. *Queer*. La *Q* no es una letra más

No una letra más

La palabra inglesa *queer* deriva del adjetivo germánico *quer*, que significa *trasversal, diagonal, oblicuo*. A su vez, proviene del verbo latino *torqueo* (*torcer, doblar*, pero también *torturar*). El significado básico de *queer*, por tanto, puede ser considerado lo contrario de *derecho* o *recto*. Pronto, este término se asoció a la inmoralidad sexual. En castellano, genio y figura, tiene un significado más atrabiliario: *torcido, extraño, raro, bizarro, estrambótico*, y también *maricón* y *sarasa*.

Varias pensadoras y activistas feministas fueron introduciendo el término en su campo, aunque Butler ha sido quien más ha elaborado una revisión de su uso en la literatura y su posterior resignificación política. En un inicio, el término *queer* hacía referencia a lo raro, para después utilizarse como forma de discriminación. Posteriormente, surge la asunción positiva de dicha rareza e incluso se convierte en un verbo que describe un tipo de acciones vinculadas a la radicalidad del pensamiento antibinario. Esa es la parte que le interesa a Butler, ya que a través de esas acciones se generan discursos que, superando la acusación, la estigmatización y el insulto, crean nuevas realidades no convencionales. Su obra es una de las bases de la llamada *teoría queer*, que surgió en los años noventa. Estos estudios parten de la consideración de que la orientación sexual y las identidades de las personas son el resultado de una construcción social. No existirían papeles sexuales esenciales o biológicamente inscritos en la naturaleza humana, sino formas socialmente variables de desempeñar uno o varios papeles sexuales.

En los pensadores de los años sesenta, se encuentran ya ciertas ideas que pocos años más tarde utilizaría este movimiento. Albert Camus, Jean Paul Sartre o Simone de Beauvoir tienen textos en los que critican la adhesión a identidades como una forma de perder libertad y flexibilidad de pensamiento y acción. Pero no puede considerarse que estos autores tengan una relación directa con ese movimiento.

En los años noventa, fraguan poderosas ideas que habían ido creciendo desde que se dieron los primeros disturbios y agresiones contra la comunidad homosexual en el *pub* Stonewall Inn, en el barrio de Greenwich de Nueva York, en 1969. Sirvió para lanzar con gran fuerza el movimiento de lucha de los derechos de los gays y lesbianas. En ese momento, estaba en su apogeo la epidemia del sida. Se alumbraron entonces nuevas ideas que, en un primer momento, se organizaron alrededor del concepto de vivir el orgullo de ser cómo se era y alejándose de las tesis de culpa o de enfermedad. En este campo, va cogiendo fuerza el movimiento *queer*, que se transformaría en una especie de postfeminismo con un mensaje sencillo, atractivo y casi universal: si tienes orgullo de lo que eres, si no quieres ser una persona asimilada por el sistema social, si no hay definición en la que cabes, si te ves raro, barroco, extravagante..., eres *queer*. Se trataba de un mensaje claro que podía incluir a cualquier ser humano y que daba una definición dignificadora y versátil con un término que, siendo en su origen peyorativo, se convirtió en motivo de orgullo e identidad. Así como ocurrió con los pintores *fauves* en Francia, el término fue ganando peso específico y separándose de los postulados habituales de los movimientos de lesbianas y gays. Su pensamiento era un producto típico de las corrientes postestructuralistas de Derrida, Lacan y Foucault. En una extraña pirueta, quizá un tanto *snob*, esos autores niegan ser *post*, y el movimiento *queer* niega estar basado en ellos. De nuevo, el pequeño narcisismo puede explicar que todos deseen ser considerados un producto nuevo y genuino. Hijo único o, mejor, sin progenitores ni descendientes. El caso es que, a pesar de lo que afirman, sus críticas de la historia, de la verdad, de la jerarquía, de los binomios, del poder establecido y de las identidades estables, son ya clásicas dentro del trabajo de estos autores. Es la época de los estudios culturales que dominan la escena académica norteamericana, no tanto la europea y aún menos las prácticas teóricas y políticas de la izquierda. Dentro de estas corrientes, el movimiento *queer* adopta lo subjetivo y emocional como el eje de conocimiento frente a lo objetivo y racional. Y eso ha sido una pena, porque así se desactivaba parte del impacto radical que podían tener algunas de sus ideas. Si consideramos este punto de vista inmensamente cargado de emocionalidad, podemos situar su nacimiento en una conferencia de Teresa de Lauretis en 1990, en la Universidad de California en Santa Cruz. Lo notable de este trabajo es que su posición ya no se interesa tanto en lo sexual ni en la liberación, sino en lo identitario y su relación con la manera que opera el poder en la conciencia de las personas y, especialmente, en cómo se conciben a sí mismas en función de su sexualidad. Las ideas de Foucault ya laten en sus planteamientos, aunque ella las lleve a un extremo al que el pensador francés no llegó.

Según Lauretis, a partir de diversas combinaciones de sexo, género y raza se crean una gran cantidad de tipos de identidades *queer*. Ocurre entonces que llegan a ser tantas que, lejos de reforzar al movimiento, lo desprestigian ante la avalancha de géneros que se definen y que piden legitimidad. Esta autora, años más tarde, rechazó el término al considerar que había perdido carga política y se había convertido en algo bastante folclórico y consumista. Tenía mucha razón.

Desde lo queer

Las ideas *queer* criticaron el consumismo, la pijería, la teatralización y el individualismo de los movimientos de liberación sexual, así como su falta de heterogeneidad. Desde su posición, no se consideraba deseable ni la inclusión ni la exclusión de lo social. Era una versión del cristiano: «Mi Reino no es de este mundo». Querían ser personas que no giraran alrededor de los sistemas de poder establecidos ni alrededor de los movimientos de contrapoder que se venían desarrollando en los años noventa y que aspiraban al triunfo político. Ni matrimonio gay ni partido político. Todo era visto como trampas del sistema normativo heteropatriarcal.

El movimiento tiene la virtud —a pesar de sus conceptos con frecuencia abstractos y a veces ininteligibles— de romper las rígidas posiciones de los movimientos de liberación sexual. Trajo mayor frescura y libertad de pensamiento, aunque al precio de apoyar algunas ideas absurdas.

No hay que considerar lo *queer* como sinónimo de sexo, rareza, transgénero u homosexualidad. Es más bien una forma de razonar, apenas de actuar políticamente, como señalan David Córdoba, Javier Sánchez y Paco Vidarte en su interesante compilación de artículos sobre el tema. Lo *queer* es a ratos una posición con una crítica bien estructurada y a otros defiende postulados ambiguos e incluso insensatos. Por ejemplo, David Halperin afirmaba en su libro sobre Foucault que *queer* es todo aquello que se opone a lo normal, lo legítimo, lo dominante. Una identidad sin esencia, dice ese autor. Con esa definición, habría que incluir desde la homeopatía hasta la astrología pasando por las ouijas.

Tal vez, su mayor defecto —la incoherencia— sea su mayor virtud. Gracias a ella se permiten pensar libremente y llegar a ideas que de otro modo no hubiera sido fácil articular.

Para muchas personas que se definen *queer*, ese término solo tiene sentido cuando se emplea en primera persona. Es un concepto que funciona bien como autodenominación, pero mal como observación de los rasgos identificadores de terceros. Eso implica que no hay un campo específico ni conceptual a lo que haga referencia necesariamente. No hay método ni premisas. Es lo que uno quiera..., para bien y para mal. Nos encontramos, pues, ante una teoría en la que no hay nada en particular en la que se apoye ni haga referencia a una metodología. Lo más que se puede decir de su objeto de estudio es que trata de analizar y discutir las discrepancias y problemas que se han venido acumulando entre sexo, género y deseo. Lo cual sí tiene importancia, pero suele convertirse en un caótico magma conceptual. Y, como en todo caos, surgen de vez en cuando ideas que sí hay que tener en cuenta antes de que se sumerjan en una vorágine de planteamientos políticos emocionales inabarcables.

Contra lo queer

De lo expuesto, se puede deducir que uno de los defectos más grandes de la crítica *queer* ha sido su ceguera acerca de sí misma como teoría o movimiento. Por todos los lados veían normatividades opresoras como si ella misma no fuera también otra normatividad. Es un movimiento que decidió en algún momento ser la conciencia crítica del feminismo. Se postulaba como una posición superior y más libre del pensamiento reglado tradicional y sus cantos de sirena. Pero esa elevada autoconsideración no ha evitado que vayan surgiendo críticas y objeciones a su discurso. Las más duras señalan que genera posiciones muy jerarquizadas con tintes clasistas y occidentales: blancas, universitarias, viviendo en ambientes ricos y privilegiados. Eso ha llevado, a veces, a que se considere lo *queer* como feminismo anarcoderechista.

Muchas de las autoras son profesoras de literatura y, desde luego, son profusas productoras de textos. Eso lleva consigo que sus ideas sean más bien teóricas, poéticas y, a veces, bella y originalmente formuladas. Otras veces, parecen más un ejercicio de narcisismo de personas encantadas de escucharse.

Tal vez esa sea una de las explicaciones a la otra gran crítica que reciben: su ambigüedad política y desvinculación de los movimientos de la izquierda e incluso de las luchas feministas. No es un tema fácil, ya que, como decía más arriba, su frecuente incoherencia y exageración también dificultan que se pueda utilizar su potencia en las acciones políticas responsables. Un ejemplo es la declaración de Wittig, en la que afirmaba que las lesbianas no son mujeres. Mantenía que el lesbianismo no representa a una mujer ni una identidad sexual ni cultural, sino una posición fuera del sistema de opresión que produce los sexos. Tiempo después, en una entrevista, dijo que esa frase no la había pronunciado.

Recientemente, el éxito mediático de los graves problemas actuales que han señalado, tanto el ecologismo como el feminismo, ha dado a este último una visibilidad y una fuerza económica y social que siempre tiene una doble cara. Estimula al tiempo que empobrece su capacidad de acción. Fluye el dinero y la atención mediática para actividades que acaban por crear sistemas académicos endogámicos: se generan ingresos para sus miembros, se abren puertas, se financian cursos, se obtiene prestigio y plazas en instituciones. Pero, tal vez, lo más preocupante es que no suelen asumir que no están en un cielo desde el cual emiten verdad y libertad. La realidad es dialéctica, dicho en los encantadores términos hegelianos, y toda teoría y toda práctica imaginada como liberación es susceptible de generar —y lo hará— nuevas formas de encadenamiento. El asalto a los cielos nunca será posible.

Para la izquierda, las estructuras de la opresión sexual forman parte de otras de explotación social, como el patriarcado y el neoliberalismo capitalista. Todas las luchas están necesariamente ligadas: la lucha obrera, la lucha feminista, la medioambiental, así como otras luchas de liberación. Una lucha aislada desaparece o se convierte en algo un tanto diletante, pero en sentido peyorativo. Si los movimientos que se declaran *queer* no se insertan y colaboran con ellos, serán poco más que un divertimento para ricas.

XIV. Construcción social de ideas feministas

Las ideas se construyen. Las de los grandes movimientos políticos del siglo XXI, ecología, información y feminismo, también. No son una verdad revelada. Son productos históricos complejos de la mente y la organización social humana. Algunas de ellas tienen cientos de años, miles incluso. Otras son tan recientes que hemos podido ver cómo se iban gestando.

Debajo de los adoquines... había normas

Tras los movimientos de liberación de los años sesenta y posteriores, empiezan a aparecer —referidas al sexo— el género y la identidad, dos ideas: las multiplicidades de identidades más o menos basadas en realidades y la crítica al colonialismo, entendidas como una descripción única, eurocéntrica y académica del sexo, la elección de objeto y el género. Al poco tiempo, y en consonancia con las luchas políticas que se desarrollaban en todo el planeta, empezó a considerarse que esas dos ideas podían ser también elementos de resistencia psicológica y política. Es lógico, era la época en la que un ejército pequeño y valiente muy bien apoyado por China y la URSS acabó por derrotar al norteamericano en Vietnam.

En este magma conceptual y político, van adquiriendo cada vez más peso una panoplia muy variada de conceptos y actitudes militantes novedosas y, a veces, contradictorias. Ante el sida, la comunidad gay, tras un primer momento inicial de desconcierto, logró desarrollar una actitud crítica, un conjunto de activismos y unos sistemas de ayuda y apoyo muy eficaces que dieron respuesta convincente y convencida a un problema que el sistema social no quería abordar: era cosa de «maricones y pervertidos».

La unión entre género y acción política había comenzado. El patriarcado como concepto político, sexual y social empezaba a ser cuestionado o en una palabra que ya se empezó a usar: deconstruido. En esa lógica, la crítica al patriarcado se vinculó con la crítica a la heterosexualidad, iniciando, con ello, un camino interesante y tortuoso. Lúcido algunas veces, absurdo otras. Es lo que tienen los movimientos pioneros. Lo importante fue que, por primera vez, utilizando el título del ensayo de Rubin, *Pensando sexo*, el sexo era algo sobre lo que se podía pensar y actuar, no algo dado y menos aún vergonzoso. Para ella, el problema es que se lo veía como algo esencial, sagrado, inmutable, normativo y jerárquico. Todas esas características llevaban a unas prácticas y unas realidades que eran descritas, como ética y estéticamente negativas, destructivas y peligrosas. Pero sus ideas fueron importantes, no solo en el terreno estrictamente sexual, sino que además relacionó, de forma clara y relevante, lo sexual con el pensamiento marxista y psicoanalítico desde una perspectiva feminista y razonada. Tal vez su idea de un mundo andrógino y sin género sea la posición más extraña de su riguroso razonamiento —por lo general— que llevaba a señalar que las fobias antihomo, el machismo o el hembrismo, como formas de heterosexismo, eran simplemente prejuicios, sesgos, discriminaciones o violencia socialmente admitida.

Pensar que puede no haber normatividad en las acciones humanas importantes es, cuando menos, ingenuo. El movimiento *queer* plantea en ocasiones luchas contra las normatividades, pero, en realidad, hace otra cosa: sustituir unas por otras que considera más liberadoras. Y puede ser verdad que lo sean en numerosos casos, pero no que no sean preceptos.

A partir de entonces, los movimientos de liberación de la sexualidad recorrieron dos caminos. Uno, el de tratar de ser aceptados en las normas de los sistemas sociales dominantes. Otro, el de inventar sus propias reglas y prácticas. El conjunto de los movimientos hoy llamados LGTBIA+ van avanzando, aún a trompicones, en ambas direcciones creando nuevas descripciones y nuevas prácticas de vida. Justo lo que hay que hacer para que un movimiento alternativo triunfe. Recordemos que eso hicieron las primeras comunidades cristianas en la época del Imperio romano. No en vano, esos movimientos, cristianismo y feminismo, han resultado los más poderosos y eficaces en la historia de la Humanidad.

La construcción social de las ideas

Muchas de las corrientes de pensamiento actuales, incluidas las feministas, proceden de la óptica del constructivismo social. Algo muy genérico que apenas dice nada, ya que el constructivismo social no constituye un cuerpo unificado de creencias y métodos. Por eso será interesante definirlo desde un punto de vista operativo. Como método, describe Ian Hacking, trata básicamente de hacer una operación sobre una realidad dada que consiste en crear una duda sistemática con la fórmula: «¿Y si

X no fuera X?». Dos ejemplos: ¿y si el sexo no existiera?, ¿y si el género fuera una creación cultural?

Todas las teorías del conocimiento asumen una posición acerca de la realidad. Muchas de ellas no son nada constructivistas, sino objetivistas. En las que se denominan constructivistas, se pueden distinguir grados. Veámoslas aplicadas al tema de la naturaleza de la mujer. Llamemos «comprensión actual de la naturaleza de la mujer» a la X de la fórmula. Es el ejemplo que Hacking propone. En este caso, el grado 0 definiría una posición no constructivista. Sería aquella que dice que X es así de forma inevitable y fija: la situación de la mujer en el mundo es la que es porque está en su naturaleza y es, por tanto, necesaria y obligatoria. Ser madre, por ejemplo, se concibe de esta manera.

El grado 1 es aquel que dice que X no sería necesaria ni inevitable ni estaría determinada por la naturaleza: no es indispensable que la mujer sea secundaria o definida como esposa o madre.

El grado 2 dice que sería bastante malo que X fuera como es: no solo es que la actual definición de la mujer no sea obligatoria, sino que, además, es mala y negativa para ellas e incluso para los hombres.

El grado 3, por último, sostiene que sería mejor que no ocurriera X y que habría que hacer algo al respecto. Sería este un grado radical, ya que lleva a la acción en contra de una situación o definición dada: hay que luchar en contra de la actual definición y situación de la mujer.

Eso implica que no se trata una dicotomía. Se puede ser desde nada hasta totalmente constructivista. Hacking defiende que eso viene definido por la posición que se asuma frente a tres parámetros: la contingencia, el nominalismo y la estabilidad, que se comprenden como una afirmación que se sitúa entre dos polos.

La contingencia nos habla del componente de azar, de suerte, de deriva de nuestro conocimiento y visión de la realidad. Hay que situarse entre dos posiciones. O bien pensar que lo que sabemos de lo sexual y del género podría haber discurrido por otros derroteros o, por el contrario, pensar que de cualquier forma se hubiera llegado a las conclusiones con las que operamos en la actualidad.

El nominalismo nos plantea el grado de adaptación de las descripciones que hacemos de la realidad a la naturaleza de esta. Por ejemplo, ¿hay algo en lo masculino o en lo femenino que tenga que ver con la biología humana o, por el contrario, es algo arbitrario?

La estabilidad nos plantea cuestiones relativas a la variabilidad o invariabilidad de lo que pensamos. ¿Se mantienen sin cambiar según las circunstancias o, por el contrario, pueden considerarse construidas y dependientes del medio? ¿La diferencia sexual es algo ajeno a nosotros o existe porque nosotros existimos?

Hacking propone asignar a cada disyunción mencionada (esto o aquello), a cada uno de los tres parámetros —contingencia, nominalismo y estabilidad—, una escalera que siga un orden ascendente de 1 a 5. De este modo, cada persona se situaría en un punto de esa gradación en cada una de las tres medidas. De esta forma, quien puntuase 0, 0, 0 sería un objetivista puro, y quien puntuase 5, 5, 5 sería un constructivista puro. La propuesta de este sociólogo es inteligente y nada dogmática. Caben muchas variantes 1, 3, 2; 2, 3, 4; 3, 3, 3... Podemos ser constructivistas de forma no dicotómica, sino variable y según el tema que nos ocupe. No es una cuestión de fe.

No se está conmigo o contra mí, como a veces plantea el feminismo y el antifeminismo. La posición más radical es más fácil de asumir cuando se aplica al mundo de las ideas, pero se vuelve más compleja cuando se aplica a los hechos, a la materialidad o a las leyes científicas. ¿Es la ley de la gravedad o el fenómeno de la entropía algo construido? ¿Admitiríamos que el cardiólogo construyera un diagnóstico que dependiera del tipo de diálogo empático que sostiene con nosotros? ¿Estamos dispuestos a considerar lo sexual desde una perspectiva totalmente objetivista o totalmente constructivista?

Diversos pensamientos constructivistas, diversos pensamientos feministas, diversas opciones sociales y políticas. Esta es la tarea para la construcción razonada de una nueva epistemología.

Un ejemplo literario tal vez pueda ser útil para comprender este complejo fenómeno del constructivismo. En su obra *La Biblioteca de Babel*, Jorge Luis Borges nos da una idea conmovedora que se puede aplicar a la comprensión de esta epistemología y a las opciones múltiples de describir la realidad. Él imagina una biblioteca que contuviera todos los libros que es posible escribir, con todas las combinaciones posibles de letras que, por tanto, incluirían desde las obras maestras de la humanidad hasta libros sin sentido alguno; desde una mezcla informe de palabras hasta *El Quijote*. Todo estaría ya escrito en todos los idiomas habidos y por haber. Siempre existiría la palabra «sdrthf», que en algún idioma significara ternura o violencia, pongamos por caso. Sería inmensa, pero no infinita. De entre esas enormes posibilidades idiomáticas, los seres humanos solo hablamos uno o varios idiomas. Siempre hay que elegir. Todo tiene sentido en algún lenguaje, pero hay que llegar a acuerdos para entendernos.

De esta hermosa y difícil condición nos habla Borges, y también el constructivismo. Creo que esta metáfora también se aplica al sexo, al deseo y al género. Podemos plantar cien flores —pongámonos maoístas—, pero algunas no prosperarán, porque son inviables. Y, entre las que sí se desarrollen, habrá unas que nos gusten más y otras menos. Es un acuerdo, no una realidad externa y objetiva.

Atribuir a una práctica sexual una capacidad intrínseca liberadora no tiene una base que no sea la meramente ideológica: es así porque así me lo parece. Eso ocurrió con las prácticas homosexuales, más tarde con las denominadas sadomasoquistas. Y, ahora, con el transexualismo estilo *drag queens*. Para algunos, eso desafía el poder heterosexual. Según Butler, crean una crítica irónica muy valiosa al apropiarse de los códigos del «enemigo». Pero, para otros, erotizan y apoyan la dominación machista. Este constructivismo polimórfico permitió a colectivos de lesbianas enfrentarse al feminismo tópico de los años setenta, con frecuencia con una estructura semejante a la religiosa. A través de su militancia antipornografía y antiprostitución, acabaron también cuestionando la práctica del sexo como divertimento. Algo que se parecía mucho a la Inquisición. Por el contrario, lo homosexual y lo sadomasoquista, como mencionan en su libro Córdoba, Sánchez y Vidarte, llevaron a una eficaz reivindicación de la multiplicidad de la sexualidad, porque no se ofrecieron como una verdad o una obligación. Eran unos deseos y unas prácticas reales que, a pesar de las enormes dificultades iniciales, llenaban de gozo y de alegría a las personas que así lo elegían. Despegarse de las epistemologías e interpretaciones religiosas no había sido fácil.

Lo homosexual es un deseo

Hay una construcción social de todas las ideas. Incluye, obviamente, la homosexualidad. Dentro de esa óptica, es fundamental la insistencia que el feminismo y los movimientos pro-LGTBIA+ han puesto en lo que se refiere a las prácticas eróticas de la vida cotidiana. Butler tiene razón cuando dice que la performatividad crea realidades. Hacer es conocer. Por eso, cuando afirma constantemente que lo homosexual es una identidad en lugar de una conducta de deseo, sucede que muchas personas acaban por creer en su objetividad. Pero una creencia no es una verdad.

El peligro de quedarse apresados en definiciones e identidades ha sido bien advertido por Foucault y Vidal. Para Foucault, la plasmación del homosexual que se realiza en el siglo XIX llevó a crear un personaje en el que nada de su vida, historia, experiencia o cuerpo escapa a la determinación de su elección de objeto. Está presente en todo su ser. Recordemos que Vidal, por su parte, afirmaba que la elección de objeto sexual, homo o hetero, no correlaciona con ninguna otra característica personal. La elección de objeto no determina ninguna identidad. Dos homosexuales son tan iguales o diferentes entre sí como dos heterosexuales. Sin embargo, la eficacia del relato social ha hecho que el personaje descrito por el sistema —social, discriminatorio e injusto— se acabe por convertir en una realidad paródica que, como se ha visto últimamente, se vuelve contra ellos. En la orilla opuesta, lo *queer*, a veces, también crea personajes que, a la postre, resultan discriminatorios.

Podría pensarse que la defensa de las diferencias fuera un movimiento objetivamente liberador. Ya sabemos que no hay nada que en sí lo sea. Y tampoco lo hay en la construcción de una separación entre lo homosexual y las demás elecciones de objeto o experiencias de género. Es lo mismo que sea considerada en términos naturales e innatos o como políticos y culturales. Este énfasis en la diferencia generó dos tendencias. Una es la versión separatista que abogaba por la construcción de espacios específicos, de comunidades al margen de la sociedad heterosexual. Esta estrategia fue muy marcada en el movimiento lesbiano, que buscó alianzas en el movimiento feminista, sobre todo de la parte que reivindicaba políticas basadas en la construcción de una cultura y una comunidad de mujeres. La otra estrategia era lograr una integración en la sociedad en igualdad de condiciones, en la que la elección de objeto no fuera fuente de separación ni discriminación. Estas dos estrategias supusieron una división entre el movimiento de lesbianas y el movimiento gay. Si el primero tendía a un modelo de separatismo de género, el segundo estuvo marcado por un modelo integrador, de orgullo gay.

XV. De sexos, deseos y géneros

¿Necesitamos cien flores?

Mao Tse-tung afirmaba: «Que cien flores florezcan, que cien escuelas de pensamiento compitan». Si bien, cuando vio el caos que se organizaba, fue limitando lo de las flores hasta llegar al otro extremo y dejar una sola. Las demás, ya se sabe: acabarían aplastadas por los tanques en la plaza de Tiananmén de Beijing. ¿Necesitamos cien flores? No y sí. Necesitamos que se piense y se experimente con libertad, sabiendo que es limitada. La ilimitada, la libertad a secas sin precisiones, como proclaman los líderes de la derecha española o norteamericana, es un lujo abusivo para ricos. «¿Libertad para qué?» le preguntaba Lenin a Fernando de los Ríos en un entrevista en 1920 en Moscú.

«Es necesario hacer un mundo nuevo. Un mundo donde quepan muchos mundos, donde quepan todos los mundos», decía el Subcomandante Marcos, por citar a un revolucionario fuera de toda duda, pero se le olvidaba señalar que todo mundo o toda idea que se pueda pensar ha de pertenecer a lo real. Una persona puede decidir que desea que $e = mc^3$. Puede, aunque no llegará muy lejos con eso. Lo mismo se aplica a algunos conceptos de sexualidad o de género.

El auge del postmodernismo trajo la idea de que toda verdad era provisional y producto de una negociación entre poderes. Eso es interesante, pero peligroso respecto a los temas que nos ocupan. Interesante cuando muestra cómo se crea la opresión hacia la mujeres. Peligroso si se olvida su conexión con las demás realidades de opresión y se convierte en un sistema de crear géneros y más géneros. No todo lo pensable es verdadero o sensato. En este tema, hay que dar importancia a los trabajos de la ya mencionada *bell hooks*, ya que no solo era una feminista radical, sino también una teórica antirracista y de clase. Su obra es un llamado a un feminismo que busque eliminar las opresiones sexuales, de raza y de clase, integrando todas estas causas en su agenda. Por eso afirmaba que las aportaciones válidas también pueden provenir de pensadores discutidos por sus inercias sexistas: Frantz Fanon o Paulo Freire.

Para ella, el feminismo había de ser una forma de subjetividad que se distanciara del individualismo, apelando constantemente a grupos más amplios, a vivencias colectivas que detectasen persistencias del ideario del supremacismo blanco y de las mentalidades colonialistas o paternalistas (o maternalistas) en las sociedades contemporáneas. Su libro *¿Acaso no soy yo una mujer?* describe los temas fundamentales de su reflexión: el impacto histórico del sexismo y el racismo en las mujeres negras, los roles de los medios de comunicación y del sistema educativo en la representación de la mujer negra, la idea de un patriarcado capitalista-supremacista blanco y el desprecio por cuestiones de raza y clase dentro del feminismo. No por ello se convirtió en una supremacista negra, sino que aspiraba, a través de una lucha de clases, a que no hubiera ninguna supremacía, ninguna preeminencia de un grupo sobre el resto. Es una curiosa mezcla entre radicalismo severo y amplitud de miras.

Asad Haider opina que para la izquierda la identidad ha de comprenderse como en continua formación y siempre desarraigada. Para la derecha, que también se ha vuelto identitaria, es fija y estable.

La cuestión no es la autoidentidad de género en sí, ya que eso es una posición íntima y personal. Los problemas aparecen cuando se debate qué derechos y obligaciones se derivan de esa autoidentificación. Y aquí es donde aparece la necesidad de normas.

«Si nos pinchan, ¿acaso no sangramos? Si nos hacen cosquillas, ¿acaso no reímos? Si nos envenenan, ¿acaso no morimos? Y si nos agravian, ¿no debemos vengarnos?...». Así reflexiona Shylock en la obra de Shakespeare *El mercader de Venecia*. Con esa afirmación, el comerciante judío quiere mostrar a todos que él es como ellos, que los seres humanos somos iguales, más allá de las fenotípicas diferencias en las ropas, las costumbres, los dioses o el lugar en el que el azar tuvo a bien o a mal hacernos nacer.

En los últimos tiempos, algunos sectores de la izquierda, el feminismo, la religión o el nacionalismo han desarrollado políticas identitarias que se centran en lo que los separa de los demás. Describen un mundo del que piensan que solo ellos tienen acceso por la lengua, el lugar de nacimiento, los apellidos, el sexo o el dinero. Un identitario opina que si uno es negro, mujer, vasco, catalán, migrante, hombre, español o nunca ha tenido hijos ni ha sido atropellado por un coche o no ha padecido cáncer... no tiene derecho a hablar de esos temas. Ellos sí creen tener derechos, incluso más que nadie. Sin embargo, la ciencia apunta en otra dirección. El éxito de la inteligencia humana ha sido pensar que lo que dice el otro es semejante a lo que uno ve, piensa o siente. Los seres humanos somos muy parecidos, pero las identidades se convierten en narcisismos que se exageran hasta la locura o el crimen. Lo anecdótico se convierte en esencia y, posteriormente, en armamento ideológico o material, el de plomo y pólvora. A uno le puede gustar su sexo, su lugar de nacimiento o su lengua. De ahí a convertirlo en esencial y desarrollar xenofobia hacia los que imagina que no tuvieron esa suerte, hay un abismo. Algunos convierten sus creencias o sentimientos en derechos. No es necesaria esa deriva. Uno puede sentirse diferente y original e invitar amistosamente al otro a disfrutar de ello.

El sistema neoliberal estimula las identidades porque inducen división, conflicto, segregación y envidia. La letra de *La Internacional* habla del género humano, de agruparse en la lucha, de derribar al tirano. Si se estimula lo identitario y lo emocional, la condición humana salta por los aires, ya que está basada en la igualdad, en la solidaridad y en la racionalidad. Hay que respetar las ideas de todos, se afirma. Más bien es al contrario, lo único que no hay que respetar son las ideas. Hemos de respetar a las personas, aunque lo que piensen pueda ser absurdo, xenófobo o simplemente bobo. Y haya que criticarlo. El mayor problema que tienen los nacionalismos o algunos movimientos sociales es que plantean que algo tiene valor probatorio o legal con simplemente afirmar «sí, yo te creo» o «son mis sentimientos». En este sentido, el caso del movimiento *Me Too* es particularmente preocupante. Es cierto que tuvo un punto inicial racional y liberador, pero, cuando se convirtió en irracional y casi estalinista, se hizo incompatible con la democracia y los derechos humanos. Como dice un anuncio de TV: ¡Cómpralo, porque tú lo vales! No dice que sea un objeto bueno o que te lo puedes permitir porque estás forrado de dinero. No, es porque tú lo vales. ¡Te lo mereces todo, chiquitín! La esencia de la mala crianza. La razón olvidada.

Para estar lo más lejos posible de identidades, de luchas de poder y de discriminaciones, tal vez fuera mejor definir el género como un concepto de amplio espectro entre lo femenino y lo masculino, que ejercerían como polos teóricos con muchas posiciones reales intermedias. Un ejemplo de este modo es el par monogamia-poligamia. Muy pocas personas se sitúan en uno de los dos extremos de forma total. De sobra es sabido que en este tema la casuística es tan variada que los polos no son sino formas poéticas de hablar y acotar. Otros ejemplos son las propuestas de masculinidades claramente difusas, e incluso frikis, de los personajes de la serie de televisión *Big Bang Theory*, en las que, a pesar de eso, ninguno deja de considerarse un hombre. En estos tiempos, la pertenencia dura a un género bien especificado y propio parece una exigencia necesaria y evidente. Pero hay que recordar que, como señala Foucault en su controvertido estudio de la sexualidad, en el mundo clásico lo sexual definía las prácticas que se realizaban, no a quien las hacía. En ellas, no estaba puesta la identidad y definición personal. Eran una práctica, no una esencia. Esta línea tiene ya una entidad teórica y práctica notable que vincula el feminismo con la izquierda y con la emancipación, no con la definición de la identidad. Gloria Steinem recuerda al mundo, a través de su intensa actividad militante de comunicación, que el feminismo básicamente consiste en la idea, que por sencilla llega a ser radical, de que todos los humanos somos iguales. Por su parte, Ruth Bader Ginsburg, jueza del Tribunal Supremo de los Estados durante 27 años, fue preguntada acerca de cómo le gustaría ser recordada. «Como alguien que ha usado cualquier talento para hacer su trabajo con sus habilidades. Y que ayudó a reparar las lágrimas en la sociedad, haciendo las cosas un poco mejores», respondió. Ambos son dos ejemplos bien diferentes de un feminismo democrático, progresista e integrador. El movimiento, junto con el de los derechos civiles de los negros, transformó el mundo. La historia de las mujeres es la de la exclusión o la de la excepción. Ambas, formas de marginación. El feminismo no puede aceptar esas posiciones ni mucho menos defenderlas, aunque sea de forma diferente a la tradicional.

Género y mujeres

El problema no es tanto que una realidad se conciba escindida alrededor de un par binario. El problema es que ese par se conciba como absoluto, excluyente y verdadero.

El asunto de identificarse como mujer u hombre no es sencillo. Creo que Butler tiene razón al decir que hacerlo de forma total y absoluta refuerza la idea de que esas categorías describen diferencias esenciales y reales. Eso establece una oposición frontal que puede conducir fácilmente al conflicto. Eso suele ser cierto, pero no lleva necesariamente a rechazar los términos hombre o mujer. Que duela la cabeza no implica que haya que cortarla. Tan solo necesitamos hacer algo al respecto.

El género es la construcción psicosocial del sexo. Algo ya casi universalmente admitido, si bien Victoria Sau hace una precisión que tiene interés. La división en dos induce la idea de que son dos polos irreductibles. Parece que se afirmara que ambos sean más diferentes que similares y, en consecuencia, la sociedad humana, consciente de ello, hubiera dado por válida la existencia de estos dos géneros de forma universal. Esta división explicaría muchas de las marginaciones existentes, ya que cuando la realidad se divide en dos polos absolutos, como he mencionado, es fácil que uno acabe predominando sobre el otro. No hay ninguna razón objetiva que explique que la diferencia deba convertirse en desigualdad. Sin embargo, suele ocurrir y afecta a todos. Es esa la razón por la que las políticas erróneamente llamadas de género no solo habrían de dirigirse hacia las mujeres, sino también hacia los hombres, tratando de cambiar los patrones que la cultura les ha asignado a ambos. Desde todas las posiciones y perspectivas, pueden ocurrir cosas indeseables. Un buen ejemplo son Margaret Thatcher o Angela Merkel, que se han comportado en política según el estereotipo machista y patriarcal. Lo cual ha sido una magnífica oportunidad para la propaganda que el neoliberalismo quería: hacemos una política tan necesaria que hasta las mujeres capaces e inteligentes la llevan a cabo. No hay otra opción. ¡¿Se puede pedir mejor jugada?!

A pesar de guerras por el poder, el prestigio, la posición intelectual o académica que pueda haber detrás de la variabilidad asombrosa de géneros, la práctica del feminismo, dice Sau, ha de seguir siendo la misma: «desmontar la estructura que sostiene las desigualdades entre los sexos». El ejemplo de las *Guerrilla Girls* es muy relevante. Se trata del nombre adoptado por un colectivo de mujeres que denuncian la discriminación sexista, el racismo, la desigualdad. Eran un colectivo de artistas que, con el tiempo, extendieron sus críticas al cine, la política y la cultura. Destacan por la originalidad y eficacia de su método: son anónimas, vestidas con ropas de mujer, pero llevan máscaras de gorila. Utilizan nombres de mujeres famosas ya fallecidas. Fuera egos y líderes. Sus proyectos y acciones se realizan en vallas publicitarias, en autobuses, con pancartas gigantes y carteles callejeros o con hojas de fácil distribución. El contenido suele ser breve, con datos, hechos y con bastante ironía. Creativos y subversivos. Sus procedimientos y estrategias se pueden replicar por todo el planeta, y los temas permiten adaptarse en cada territorio concreto. Un buen ejemplo es su primera actuación en la que manifestaban: «¿Tienen que estar desnudas las mujeres para entrar en el museo Met?». Menos del 4% de los artistas de las secciones dedicadas al arte moderno son mujeres; el 76% de los desnudos son femeninos. Más allá de su mensaje artístico y reivindicativo, este grupo muestra un ejemplo de práctica concreta y activa de intensa fuerza y eficacia feminista a favor de la igualdad.

Es en la conferencia de Pekín de 1995, auspiciada por la ONU, cuando se sustituye la expresión, internacionalmente aceptada, de «derechos de la mujer», por la de «género». Desde entonces, el sustantivo mujer ya no opera como una categoría general para calificar las investigaciones y trabajos sobre esa materia ni para definir un compromiso. ¿Ellas ya no existen? Hoy se tiende a considerar que esa definición fue un error, a pesar de que el concepto de mujer no es tan sencillo y claro como puede parecer a primera vista. Por eso, Audre Lorde y *bell hooks* señalaron que las feministas de la segunda ola, al identificarse firmemente con la categoría general de mujer, ocultaban las diferencias entre las vidas de las blancas y las negras. En los Estados Unidos, se centraron en la lucha por el derecho de las mujeres a trabajar fuera del hogar y, a menudo, ignoraron el hecho de que la mayoría de las negras siempre habían tenido que hacerlo, con frecuencia, ¡trabajando en los hogares de las blancas! Lo que Lorde y *bell hooks* no pensaron es que el término mujer no tenía por qué ser suprimido, sino que había que darle más precisión política para que no quedara en una abstracción inútil o discriminatoria.

Pensadoras que provienen de la sociología y el psicoanálisis, no del campo de los estudios culturales anglosajones, están ofreciendo una visión crítica y positiva de la utilización de los conceptos de sexo, mujeres y género. Muchas consideran que son útiles para seguir planteando tácticas y estrategias de la acción feminista.

Uno de los puntos básicos que señala la antropología es, según Gemina Orobitg, la necesidad de superar un concepto de género que lleve a crear una nueva dicotomía que caracterice al sexo como lo relacionado con lo biológico y, al género, como lo que tiene que ver únicamente con lo social. Algo, señala ella, insostenible. En esa línea, la socióloga y psicoanalista Nancy Chodorow piensa que la multiplicidad de las experiencias relativas a la sexualidad constituyen situaciones complejas y contradictorias que, como tales, han de ser tenidas en cuenta sin llegar a simplificaciones, síntesis o esencialismos identitarios. Para teorizar y para trabajar. Los fenómenos de poder y de subordinación, por ejemplo, afectan a hombres y a mujeres, pero de manera diferente. Y por eso será necesario reconocer que no toda la subjetividad del ser humano está incluida en el concepto de género. Según ella, estamos ante una dimensión de la experiencia humana múltiple, contradictoria y metafórica. No ante una realidad necesitada de clarificar si es binaria o no, performativa o no.

Sexo político

Esta idea fundamental ha sido profundizada en los últimos tiempos por otras autoras, cuyas aportaciones abren una buena vía para desarrollar praxis políticas. Así,

Geneviève Fraisse señala la necesidad de lograr un equilibrio entre el sexo biológico y el social, entre lo natural y lo cultural, sin privilegiar ni la existencia objetiva de dos diferentes ni la arbitrariedad de las atribuciones individuales. Con precisión, Neus Campillo cuestiona la sustitución del concepto de sexo por el de género. Para ella, el concepto de diferencia de los sexos puede contribuir a analizar mejor algunos problemas como el de la identidad. Deshacerse de lo concreto del sexo en favor de lo abstracto del género puede llevar a la negación de la diferencia sexual (¿incluso de la sexualidad?) y anular la posibilidad de realizar de un análisis puramente sociológico y no meramente discursivo.

Las teorías basadas en el psicoanálisis también han cambiado. Desde los planteamientos iniciales del siglo XIX y primeros del XX a la actualidad, han ido abandonando el sesgo tan misógino con el que nacieron. Investigadoras desde la óptica psicoanalítica prefieren, respecto a los temas que estamos mencionando, la categoría de diferencia sexual. Mantienen que la división es el elemento central de la estructura cultural y que el orden simbólico patriarcal está basado en la soberanía del falo y la anulación de lo femenino, excepto como objeto del deseo masculino. Por eso reniegan de la igualdad como ideal feminista, puesto que eso refrendaría la lógica falocéntrica de una identidad definida en términos de lo masculino, específicamente de su deseo. Abogan, en cambio, por la recuperación de lo femenino que surge de la diferencia sexual, de un imaginario autónomo capaz de trascender los actuales estereotipos sobre las mujeres. A pesar de la formulación un tanto estereotipada que puede rechinar un poco, se trata de ideas dignas de consideración por su vinculación con las necesidades de análisis personal e intervención política. No dejan de ser, puestas al día, las afirmaciones de Freud, que consideraba que había una clara separación entre las representaciones simbólicas y la realidad biológica de hombres y mujeres. Reconocía que los términos mujer y hombre no tienen una significación unívoca ni invariable, sino que suponen siempre una interpretación cultural. Ninguna forma de sexualidad puede definirse como tal sin el referente de la diferencia entre los sexos. Habría que añadir que, excepto la perversión, la reconoce y la niega al mismo tiempo. Feminidad y masculinidad son términos relacionales, que solo tienen sentido en referencia a esa separación. La sexualidad se inscribe en el cuerpo de cada sujeto, fundamentalmente, como diferencia, y no como término absoluto ligado a determinados órganos o a la identificación inmediata con la madre. La idea de que un sentimiento personal pueda establecerse independientemente de toda consideración anatómica, de la excitación sexual o de la imagen corporal es una creencia que surge desde la transexualidad. Así como para el que tiene un martillo el mundo está lleno de clavos, muchas personas transexuales afirman que su género está separado de su sexo, y evitan los conflictos teóricos y prácticos inherentes a esa definición. Con ello, se refugian en una identidad grupal y obvian confrontarse con el significado y valor de su singularidad como personas transgénero. Pueden afirmarlo si así lo desean; pero pretender que tienen de su lado la evidencia o la naturaleza humana, es como mínimo una exageración.

Y ahora ha de entrar en el razonamiento otro concepto: el cuerpo sexualizado. Si se percibe, afirma Linda Nicholson, siempre a través de la interpretación social que del sexo se nos ofrece, no es algo separado del género.

sino que formaría parte de él. En ese caso, lo contrario también sería verdad: que el género forma parte del sexo. Género y sexo serían dos caras de una realidad que no podemos separar. El pensamiento feminista clásico, en gran parte, ha continuado sosteniendo que existen datos fisiológicos que se utilizan de manera similar en todas las culturas para diferenciar a los hombres y mujeres. Ellos son los que explican, al menos parcialmente, la existencia de elementos comunes, transculturalmente, en la personalidad y en la conducta de ambos. Aceptando estas premisas, se concluye que nuestras afirmaciones acerca de las mujeres o de los hombres emergen de nuestra biología y de nuestra posición en la historia y la cultura. Son, al final, actos políticos que responden a nuestros propios contextos. Estamos entrando en el terreno de la política. Lo primero es señalar que la izquierda ha abandonado, en buena medida, la lucha de clases y la defensa de los trabajadores para centrarse en las necesidades de las clases más educadas. A estas últimas, les interesan las políticas de identidad o ecológicas y no tanto el salario mínimo o el desempleo. El feminismo, dentro de la izquierda, ha tenido una cierta tendencia a una deriva semejante. Tal vez por eso su peso electoral está disminuyendo. Por eso todas las izquierdas, feminismo incluido, seguramente necesitarán, para sacar adelante sus postulados, no centrarse tanto en las diferencias, sino en las igualdades. Cristina Molina afirma que si el concepto de género describe el ejercicio del poder como dominio de los hombres sobre las mujeres, no añade nada al concepto de patriarcado. Esta define el patriarcado no solo como el poder de asignar espacios que colocan a las mujeres en lugares de sumisión, sino en su aspecto simbólico, es decir, nombrando y valorando esos espacios como «lo femenino».

Incluso llega a decir que el empleo de la categoría de género se ha convertido en un criterio de identificación y prestigio en el marco académico en el que se configuran círculos de reconocimiento. El riesgo, dice, es que la teoría sobre el género se convierta en una práctica políticamente paralizadora. Se vacía de perspectivas relevantes para las mujeres actuales, lo que contribuye a la despolitización y desmovilización, justamente, cuando estaban logrando un reconocimiento social y un claro empoderamiento. Esta práctica política no necesita teoría novedosa alguna, pues se trata de una constante histórica: siempre ha habido mujeres que se han sentido y entendido como tales y que han manifestado su diferencia en forma de prácticas colectivas específicas. Recordemos a *Las Troyanas* que describió Eurípides o a las espartanas que organiza Lisístrata en la obra homónima de Aristófanes. Aun en su posición objetiva de debilidad, saben cómo hacerse fuertes.

Es un buen momento para resumir. Quizá baste con decir que la subjetividad de los seres humanos se organiza alrededor de dos tipos básicos de sexos con unos estados intersexuales, de tres diferentes elecciones básicas de objeto sexual y muchas experiencias de género que pueden agruparse en cuatro grupos generales. Y, por último, una posición que niega todo lo anterior.

Creo que, en la actualidad, esta descripción de la realidad biopsicosexual sería aceptada por muchos autores progresistas y muchas autoras feministas. No por todos ni todas, claro está.

XVI. Movimientos líquidos

Las guerras identitarias

La acción militante en torno a las políticas identitarias no es la mejor manera para iniciar el camino de una acción colectiva, afirma Zygmunt Bauman. Según este autor, la identidad está siendo entendida como el sustituto de un paraíso perdido al que se desea volver, por lo que se buscan febrilmente los caminos que puedan llevar hacia allí. Y suelen encontrarse. El resultado es una calamidad.

Como era de esperar con movimientos e ideologías que se basan en la búsqueda de identidades, los enfrentamientos y discrepancias intensas aparecieron pronto. Las diversas corrientes del feminismo y los movimientos LGTBIA+ han dedicado una parte de su atención a precisar con nitidez qué los diferenciaba de los otros. La llamada cultura gay, por ejemplo, fue agriamente criticada por las teorías *queer* al considerarlo una patética muestra de desideologización acomodada a un estilo de vida, donde lo importante era formar parte del grupo protector y seguir modas y costumbres del sistema dominante. El feminismo lesbiano, por su parte, se centraba en rechazar formas de comportamiento y de estética que codificaban como «femeninas», idealizando, en su lugar, una estética andrógina que era promovida como natural y progresista. Asimismo, las lesbianas *butch* y *femme* eran rechazadas porque las calificaban como una réplica de los desequilibrios de poder heterosexistas. El silenciamiento de cualquier tendencia que no respondiese a las formas «correctas» de expresión sexual y de políticas llamadas de género llevó a una gran dificultad para negociar cuestiones no solo conceptuales, como deseo y sexualidad, sino también las acciones políticas. La ansiedad en torno a lo que constituía lo «correcto» se convirtió, en casos extremos, en un estricto código que incluso prohibía la penetración digital.

Lo trascendente, lo misterioso, lo inefable, lo otro... son los territorios de lo sagrado que, a lo largo de la historia de la humanidad, se suelen vincular con lo religioso. Su fuerza venía apoyada por el componente sexual y erótico que, sin duda, tenía. En los últimos años, esa antigua vinculación se ha trasladado a creencias e ideologías, y ciertas formas de ecología, política, nacionalismo o feminismo. Por eso vemos cómo algunas de sus corrientes se han deslizado hacia lo sagrado y ofrecen signos, ritos y prácticas que determinan la presencia de una conciencia capaz de proporcionar sentido de pertenencia y aceptación. Como en todo sistema religioso, podemos observar dogmas, herejías, tabúes, emociones, misterios y sistemas de exclusión y devoción. Con santos, mártires y demonios incluidos.

El caso de Kathleen Stock es significativo. Es una profesora de la Universidad de Sussex, en el Reino Unido, que ha publicado en el año 2021 un libro titulado *Chicas materiales. Por qué la realidad importa al feminismo.* En el momento de cerrar este libro, solo conozco las notas de prensa. Según ella, de clara trayectoria feminista, ha sido insultada y amenazada en el campus universitario por su implacable crítica de algunos conceptos acerca del género, en especial, a los que eliminan la diferencia biológica, lo que ha promovido una operación de acoso personal brutal sobre ella. Compañeros suyos han firmado un documento no solo contra sus ideas, sino contra ella misma. Más tarde, han reconocido que habían mentido en lo que se afirmaba en él, pero no han querido retirarlo. Afortunadamente, el rectorado de la universidad se ha puesto a su favor abriendo una investigación sobre los insultos y ese documento. Han asegurado que defenderán la libertad académica de su profesora. Apenas ha tenido defensoras en movimientos feministas en su país. Resulta muy preocupante. ¿No les preocupa el acoso personal, la difamación de las personas que tengan otros criterios?

Al tiempo que se producían estos debates, se extendían por casi todo el mundo confinamientos y restricciones debidos a la pandemia de COVID-19. Algunos razonables y otros interesados. Situaciones que han supuestos retrocesos, sin prácticamente ninguna oposición, en las posiciones sociales de las mujeres. En todos esos meses, ante la paralización de las escuelas y servicios sociales, han sido ellas las encargadas de las tareas domésticas y de la crianza. Se volvió a unas relaciones más típicas del siglo XIX y XX. No será tan fácil revertirlo en un contexto de crisis económica, social y con un altísimo desempleo que nadie espera que vaya a desaparecer. Una jugada maestra que, de no haber sido la pandemia un hecho natural, algo similar podría haber sido inventada por el neoliberalismo, dado el rendimiento en términos económicos e ideológicos que se ha producido a su favor. En los últimos años se empezaba a sospechar que, aunque los grandes poderes económicos de la Tierra no fueran el origen del virus, iban a salir muy beneficiados. Esa sospecha es hoy una realidad. Pero no todo es tan malo. Después de las guerras o epidemias ha habido revoluciones políticas y culturales. En la actualidad, ya se está repensando cómo ha de ser la educación, la economía y también la relación entre hombres y mujeres. En definitiva, se está empezando a volver a pensar la manera de vivir juntos. En este contexto, las posiciones acerca de lo sexual, lo masculino, lo femenino y el género han de ser reformuladas. Me gusta pensar que este libro pueda ser una modesta colaboración.

Ley, política, ley, política

Estamos ante dos tipos de problemas. El primero es que muchas de estas afirmaciones, actitudes y acciones son contrarias al orden establecido desde ya hace milenios. El feminismo resulta revolucionario y desestabilizador del *statu quo,* que se opone a los cambios, incluso a los no radicales. Es imposible que el sistema dominante no reaccione contra ese riesgo con más o menos violencia. A través de la represión directa, de los medios de comunicación o de las leyes. Una supresión revolucionaria y total de la opresión de la mujer no será posible a corto plazo. Y tampoco es evitar la repetición de los estereotipos. Sin embargo, en la reiteración misma de estas *performances* sí es posible introducir descartes, variaciones, reapropiaciones subversivas. Cambiar.

El segundo es que, en la actualidad, en muchos países del mundo occidental, se está debatiendo quién tiene el derecho de determinar el género de una persona, en qué condiciones y qué efectos en términos legales y políticos. Tal vez no sea el asunto más urgente de política social, pero sin duda está teniendo una gran repercusión metafórica y mediática. En España, en la actualidad, parece optarse por una solución que no contempla discusión teórica alguna. La opción que parece ganar fuerza es facilitar que cualquier persona pueda establecer su género y que este sea reconocido legalmente sin apenas ningún proceso médico o psicológico. En un país como España en el que los trámites legales y administrativos suelen ser una pesadilla de complicaciones, a las que se unen, además, insensateces y humillaciones, eso es una gran ventaja, un gran avance y un enorme alivio. Pero situarse en la posición contraria, la del todo vale, puede ser aún peor. Sin ánimo de ridiculizar, bien pudiera ocurrir que una persona se despertara una mañana sintiéndose mujer y por la tarde hombre, y cambiar el registro civil dos veces en ese día. Y, a continuación de hacerlo, puede exigir derechos porque se siente mujer u hombre, o bien optar por complejas operaciones quirúrgicas o tratamientos hormonales de resultado y efectos inciertos y, en ocasiones, peligrosos. Más tarde, podría tratar de revertirlos si hubiera cambiado su conciencia de género. Una cosa es la desaparición de la burocracia absurda y malintencionada y otra, no admitir que se necesitan algunas normas, protocolos, compromisos, seguridades y precisiones en temas tan importantes y controvertidos.

Más allá de la legislación y la burocracia, nos encontramos con problemas conceptuales complejos. Algunos movimientos feministas y de la izquierda temen que este tipo de legislación difumine el sexo y la categoría de mujer, con los consecuentes efectos en las políticas destinadas específicamente a proteger sus derechos. La escritora Janet Rowland afirma: «Borrar el concepto de sexo biológico elimina la capacidad de muchas personas de analizar el significado de sus vidas».

Legislar, sobre todo estos temas, es delicado, ya que, a falta de criterios científicos, los ideológicos pueden aumentar y saturar el discurso hasta aflorar posiciones extravagantes. Maria Trumpler, directora de la oficina LGTBIA+ de la Universidad Yale, afirma: «La creencia de que la gente es masculina o femenina solo tiene 200 o 300 años». Supongo que se refiere a que no es hasta el siglo XVIII que en Occidente se piensa en la sexualidad como uno de los dispositivos claves del discurso y conocimiento. Habrá que suponer que sus trabajos sean más precisos, ya que así dicho parece una tontería.

Según la ley, un crimen machista es aquel que se comete contra una mujer por el mero hecho de serlo. ¿Mero hecho? ¿Existe el hecho «ser mujer»? ¿No decía el pensamiento *queer* que no?

Señala Pablo de Lora el problema moral y jurídico que se plantea cuando se dice en un debate televisivo, como hace la diputada española Carla Antonelli —ella misma transicionada—, que sobre lo trans solo podrían legislar los trans. Se trataría de un caso particular de la proposición general de que una norma legítima descansa en las características personales de quien la enuncia. Lo hemos visto con los trans, con los jueces o con los nacionalistas. De esta forma, el nepotismo, el corporativismo o la xenofobia tendrían valor ético y político. ¿Una persona sin útero, pongamos por histerectomía quirúrgica en un tratamiento anticáncer, no podría legislar sobre el aborto, ya que ella no podría abortar? ¿Quién no tiene perro no puede legislar sobre la protección a los animales?

Llegados a este punto, tal vez sea interesante reflexionar en lo que propone Manuel Toscano acerca de la contraposición weberiana entre la ética de la convicción y la ética de la responsabilidad. Se suele decir que la ética de la convicción sería la pauta de conducta del político irresponsable; el buen político, por el contrario, solo puede adoptar la ética de la responsabilidad. Afirma Toscano que no parece que Max Weber suscribiese lo que se dice de él. Más bien, Weber niega que estamos ante una ética buena y otra mala, por así decir, ni da por sentado la superioridad de una sobre otra. Lo que el sociólogo afirmaba en su texto de 1919 es que ha de existir un nexo necesario entre convicción, responsabilidad y mesura, si bien advierte de que en no pocos casos vienen a coincidir la carencia de convicciones y la falta de responsabilidad.

No es fácil decidir cuándo hemos de obrar según la ética de la responsabilidad y la de la convicción, pero esa reflexión en la legislación sobre sexo, género y elección de objeto se hace en la actualidad imprescindible para legislar con ambas éticas, no con movimientos emocionales o electoralmente tácticos.

Prácticas de subjetivización. Deseo y peligro

Todos los movimientos identitarios son altamente vulnerables a la influencia del neoliberalismo, experto en emociones e irracionalidades. Su pretendida capacidad de transgresión no suele ser tal. Más que transgredir, en realidad, lo que se consigue es mantener a los movimientos sociales atrapados en un círculo vicioso de creación de identidades que destruye su capacidad política. La teoría *queer* ha sido de gran utilidad para mostrar la importancia de reconocer la diversidad que generan los procesos de subjetivización. También ha sido una rémora. Más útil sería un activismo común de las fuerzas, de los movimientos de la izquierda y por la igualdad que una lucha identitaria. O, si no, recordemos al Frente Judaico Popular y al Frente Popular de Judea de la inspirada película *La vida de Brian*, de los Monty Phyton.

Foucault planteaba ir hacia una economía del placer que no estuviese sexualmente codificada. Frente a esto, la teoría postmoderna entiende el deseo como inmanente, sin relación alguna de dependencia con ningún otro factor externo al propio deseo. Esto es un solipsismo que suele llevar a un callejón sin salida un tanto deprimente. Puede que seamos maquinas de deseo como sostenían Baruch Spinoza y Deleuze, si bien cabe preguntarse, al estilo leninista, ¿desear qué, desear para qué? El inconsistente y publicitado concepto de inventarse a sí mismo pide experimentar de tal manera que su mayor virtud es esa, la propia experimentación. Convierte toda práctica de libertad sexual o de otro tipo en actos de consumo propios de la lógica neoliberal.

No hay muchas más alternativas a estas políticas del deseo, salvo una vuelta a la acción colectiva y racional en la que los movimientos feministas y *queer* pueden tener peso.

Oponerse al sistema por sistema, sin valorar los elementos positivos del mismo, no lleva a ninguna parte. Es necesario alejarse de las prácticas de mera agitación para centrar los esfuerzos en contra de los numerosos planos de opresión: sexuales, económicas, raciales... No me resisto a volver a los Monty Phyton y a *La vida de Brian*: ¿qué nos han dado los romanos? Aparte de acueductos, alcantarillado, carreteras, sanidad, enseñanza, vino, baños públicos y seguridad ciudadana...

Las teorías *queer* más radicales, aunque menos políticas, parten de la idea del enfrentamiento directo contra la opresión y el poder establecido. Dejando de lado que los documentos y las publicaciones ni siquiera rozan al poder, olvidan que sus movimientos también ejercen poder y que los afecta a ellos mismos. Con frecuencia, son los movimientos feministas y LGTBIA+ los que se debilitan.

Más política, menos identidad

En este trabajo defiendo ir más allá de nuestra identidad y centrarnos en establecer relaciones de solidaridad y apoyo que nos vinculen con la experiencia y necesidades de los grupos sociales más explotados, más oprimidos y marginados. Fácil de decir, pero no de hacer. Alguna de las prácticas políticas han sido mencionadas a lo largo de este texto: alejarse de definir esencialismos y de establecer patologías, explorar nuevas ideas desde un punto de vista fenomenológico, generar dudas, utilizar más el pensamiento científico y menos el emocional, animar a la coexistencia de diversidad de ideas y prácticas sexuales, animar las parafilias no violentas, criticar la corrección sexual puritana de izquierdas y de derechas...

El problema de hablar de perspectiva de género es que, al estar vacío de contenido preciso, suele ser genérico y banal. Si se lee lo que dicen algunos de los textos que se reclaman de esa perspectiva, observamos que afirman, por ejemplo, que hay que enseñar a las niñas enfocando el conocimiento hacia sus aplicaciones en la vida real. De acuerdo. ¿Cabe otra cosa?, ¿eso es el género? ¿Solo se aplica a las niñas? Dice Clara Grima: «Si alguna niña quiere hacer cosas para la comunidad y contribuir a la mejora del mundo, lo mejor que puede hacer es estudiar matemáticas. Ese es el mensaje y esa es la perspectiva de género». Según ella, estudiar matemáticas pertenece a esa perspectiva. ¿Estudiar arquitectura, derecho, medicina o cualquier otra disciplina no sirve para la lucha por la justicia y la igualdad para las mujeres?, ¿acaso no se estudia también por amor a la ciencia, a la racionalidad o al pensamiento? Tal vez esté queriendo decir que un mundo machista desanima a las niñas a que dirijan hacia la ciencia. Eso es barbarie, machismo, ignorancia, opresión, misoginia...; ya teníamos palabras convincentes para describir esa situación con precisión.

Y hablando de igualdad, de igualdad ante la ley. Es necesario un debate activo sobre la discriminación positiva hacia cualquier grupo marginado para compensar las desigualdades de partida en el acceso, por ejemplo, a los estudios o a los puestos de trabajo de alta responsabilidad. Creo que ha de aplicarse, porque, desgraciadamente, la exclusión pone a muchas personas o a grupos desfavorecidos en una situación de subordinación debido a políticas de discriminación, en este caso, negativas, explícitas o implícitas. Lo qué habrá que discutir es en qué condiciones y cómo se realiza.

El concepto género no suele servir para añadir nada a todas estas luchas. Suele usarse como sinónimo de mujer o de lucha feminista o de emancipación. Para eso, ya tenemos esas ideas y estrategias que se han mostrado muy eficaces y operativos en esas luchas.

Solidoliquidocasigaseoso

Sociedades líquidas, movimientos líquidos. Una acertada metáfora de Bauman que casi se queda corta. Nuestra sociedad se encamina hacia lo etéreo, lo gaseoso, lo inefable. El feminismo actual no se articula en olas bastante bien definidas, como eran las anteriores, sino que explota, signo de los tiempos, en muchas líneas y conceptos. Una de ellas es la *Teoría King Kong*, de Virginie Despentes. Es un libro en el que se encuentra una interesante mezcla de ideas claras y rotundas y, cómo no con ese título, algunas exageraciones. Afirma que en los últimos diez años se están produciendo cambios gracias al activismo feminista y *queer*. Uno de los más importantes es que cada vez hay más personas, de todas las edades, más politizadas y feministas. Menos dispuestas a estar al servicio de los hombres. En términos generales eso es cierto. Precisamente, el éxito de estos movimientos es una de las explicaciones del miedo a la exclusión que sienten algunos sectores conservadores y machistas. Esos «hombres blancos cabreados» parecen dispuestos a ejercer violencia contra quienes ellos creen que les están quitando algo que les pertenece. Y no dejan de tener una cierta razón: están perdiendo privilegios. Señala Despentes que las mujeres quieren compartir el poder, organizarlo de forma distinta. Quieren que el ser hombre deje de tener privilegios por el mero hecho de serlo. Para cambiar algo como el sexismo hay que actuar desde muchos ámbitos distintos de manera coordinada. La modificación o supresión de algunas leyes forman parte de este proceso. Otras propuestas se refieren a las prácticas de la vida cotidiana. Demanda, con atrevimiento, un feminismo pro-sex, pro-pornografía, un feminismo pro-calentonas. Y precisa que lo que está describiendo es un feminismo entendido como una aventura colectiva para mujeres, hombres y todos los demás. Su teoría feminista puede ser muy discutible, pero acertada en su concepto de aventura.

El primer trío

El primer ser humano, un andrógino, se separa en dos. Hombre, Adán; y mujer, Lilith. Adán, ya separado de ella, quiere tener primacía sin que eso se justifique en nada que haya hecho o merecido. Lilith se opone y aparece el conflicto. Esta es la historia mítica que relatan textos antiguos hebreos y, más recientemente, con acierto, la ópera de cámara *Lilith, luna negra,* de David del Puerto y Mónica Maffia. Retrata a un Adán que cree tener más derechos que Eva y que solo parece estar interesado en follar. Y trata de conseguirlo a veces de forma ruda y otras de forma poética, un tanto cursi. Lilith no acepta la sumisión y se declara igual a él. En la obra, la tipología física de ambos es muy parecida, casi dentro de la habitual estética *queer.* Lilith quiere comprender lo que la rodea y saber el nombre de quién la ha creado. Adán no quiere que ella se lo pregunte a Dios. Tiene miedo de las consecuencias. Su tensión y resentimiento crece. En ese momento, aparece en el Paraíso otra mujer de nombre Eva. Su aspecto es radicalmente distinto. Lleva trajes vaporosos, es rubia con largas trenzas y se muestra totalmente decidida a ser complementaria de Adán en todo en lo que Lilith pretendía ser igual. Lilith la considera como una hermana, como una igual a ella, y la inicia en el misterio de la manzana. El trío no parece ir bien, y abandona el Paraíso. Eva convence a Adán para comer la fruta. Lo hacen y pronto los cambios que van a ocurrir empiezan a insinuarse. Al final de la obra, Lilith reaparece con una capa en la que se observa bordado el motivo de la serpiente. Ella es la representante de la desobediencia, de la noche, de la luna, de la magia. De la subversión. Eva aparece con sangre entre sus piernas. Es el símbolo de la menstruación, del sexo y de la pérdida de la virginidad. La historia ha comenzado. La división de la mujer, sumisa y rebelde también.

La Lilith de la tradición judía fue eliminada de la cristiana. El Génesis no se refiere a ella. La historia de Adán y Eva es más fácil de contar. Lleva a una relación conflictiva, pero tradicional y predecible. Al contrario, Lilith lleva a una alteración profunda del sistema patriarcal, que ya estaba en marcha cuando este relato se escribe. Lilith y Eva, cada una a su estilo, sobrepasan el guion establecido por Dios. Adán no llega a hacerse cargo. Tal vez sea una metáfora de la condición humana.

FINAL, QUE NO ES TAL

La importancia de la identidad ha cambiado mucho en las últimas décadas. Hemos pasado por las identidades patrias, por las compartidas, por la clase o la raza, por las depresivas, por las asesinas, como decía Amin Malouf, y ahora por las paranoicas, como afirma Elisabeth Roudinesco. La evolución ha ido desde un cierto folclorismo hasta el más agrio esencialismo. Esto se puede comprobar observando a los grandes movimiento de los siglos XX y XXI, como la izquierda, la ecología, el nacionalismo o el feminismo, que han tendido a desarrollar, unos más y otros menos, esta posición: o conmigo o contra mí. Las derivas identitarias que han constituido una buena parte de su actividad y razón de ser, lógicamente, acaban por convertirse en sentimentalismos, victimismos y reaccionarismos variados. O violencia.

El mundo intelectual del victimismo coincide con la ideología neoliberal: el mundo está para que goces de él; no te sometas a la ley del otro; cree en tu imaginario como en la cosa más verdadera y justa que pueda haber; tu identidad es lo más importante que posees… Tienes derecho a todo ello, y, si se te niega, eres una víctima. El libro *El alquimista* de Paulo Coelho era una secuencia de frases de este tipo enlazadas en un pobre argumento. Daniele Giglioli relaciona la fuerza mítica de esta idea con la esperanza de tener acceso a ese placer, siempre perdido, que es la fusión con el cuerpo de la madre, la unidad original que se quebrantó. Es ese sentimiento oceánico que Freud ya señaló. En ese momento, se llegará al fin de todo esfuerzo, de toda tensión. En muchos tipos de movimientos populistas, nacionalistas, feministas, izquierdistas y, obviamente, en la publicidad ideológica y comercial del neoliberalismo, se observa que el énfasis victimista y paranoide de la identidad se ha infiltrado acríticamente con fuerza en ellos. Desde el «España nos roba» hasta «los moros nos quitan el empleo», pasando por el «hermana, yo sí te creo», esa visión irracional, egoísta, cuando no abiertamente xenófoba o contraria a los derechos humanos, ha conseguido medrar en el pensamiento militante que se imaginaba a sí mismo crítico y progresista. Basta para probarlo considerar la fortuna y el dinero del que gozan, en los ámbitos académicos anglosajones, los departamentos pensados para grupos sociales golpeados por algún estigma, como son *Women's studies, Black studies, Gay studies, Queer studies, Holocaust studies, National studies, Postcolonialist studies*...

Todos ellos asumen la existencia natural de la realidad que les interesa y olvidan que la esencia misma de lo humano es lo artificial, lo cultural. El cambio, la transformación, el riesgo, la creación es lo contrario de la identidad que, a su vez, es lo contrario de la revolución.

Cuando no hay proyectos colectivos de emancipación, suele acabarse en una afirmación como la que describía Michel Serres: «Yo soy yo..., y eso es todo». Necesitamos, personal y colectivamente, oponernos a esos esencialismos normativos y religiosos que están invadiendo el campo del pensamiento progresista e igualitario. Y, al mismo tiempo, hemos de considerar todas las constelaciones sentimentales, ideológicas, intelectuales y prácticas alrededor de lo sexual como una parte esencial de la especie humana. Tradicionalmente, desde la más antigua antigüedad, esa esencia ha sido causa de discriminación y violencia. Y es urgente evitarlo. Pero la igualdad no se defiende diciendo que algo, el sexo, no existe, sino haciendo que sea irrelevante en lo que se refiere a derechos y oportunidades. «La experiencia que una persona tiene de sí misma como ser sexuado, con derecho pleno al placer sexual y a la seguridad sexual, con capacidad para hacer elecciones sexuales activas e identidad como ser sexual», dice Deborah Tolman, y con ello describe con precisión las variaciones y definiciones de la llamada subjetividad sexual. Es una descripción precisa y real, que no necesita más ni menos conceptos que los movimientos de liberación de la mujer y gran parte de los prodeechos LGTBIA+ han venido planteando. Por su parte, Eve Sedgwick afirmaba: «En nuestra sociedad, las relaciones interpersonales en el espacio público se estructuran principalmente sobre la base de las relaciones sociales entre los hombres, siendo las mujeres sexualizadas y tomadas como objeto de intercambio sexual. En otras palabras, las mujeres se representan en el espacio público como objetos (en su mayor parte, sexual) y no como sujetos. Esta es la lógica de la socialización del hombre heterosexual». Aunque suene abstracta, me parece que es difícil dar una definición más precisa del heteropatriarcado alejada de la imprecación o insulto, que con tanta frecuencia suele ser usado. Su actividad crítica y *queer* contiene ideas muy precisas, como la que acabo de mencionar, y otras muchas bizarras en las que trata de leer debajo de los textos temas reprimidos de homosexualidad y de abuso, que considera imprescindibles para entender todo tipo de deseo sexual. De ahí, el ya famoso título de su libro: *Epistemología del armario*. Lo importante de ese libro es su tesis de que es necesario una nueva definición de lo homo y heterosexual para entender el deseo humano. Es muy interesante este planteamiento, pero se vuelve excesivo cuando plantea obtener de la homosexualidad la clave de la comprensión de todo deseo. A pesar de ser una pensadora fundamental en las teorías *queer,* sus conclusiones están, desgraciadamente, escritas de una manera semejante a la difícil prosa narrativa postmoderna. Pero su apuesta por la acción política conjunta con otros movimientos emancipadores la convierten en una autora imprescindible. Lauren Berlant, en su libro *El optimismo cruel,* la tiene por una de sus inspiradoras. Berlant sostiene que todo objeto de deseo es, en definitiva, un conjunto de promesas que, como tales, sitúan lejos de la experiencia directa humana, y, como todo romanticismo, esclaviza y perjudica, ya que, como ella dice, la reconstrucción de la decepción puede llevar a la depresión o a la manía.

La idea de «muerte lenta» de Berlant es aquí muy relevante. En ella se produce una progresiva e imperceptible atenuación y parálisis del pensamiento crítico, que se ve sustituido por emocionalismo y consumo. Frente a ello, solo la belleza y la cultura formarían el antídoto que permitiera desarrollar proyectos de igualdad para las mujeres y también para los hombres y las mujeres.

Tal vez haya que recordar lo que pedía Lévi-Strauss sobre el cosmopolitismo y aplicarlo a la identidad que sentimos: «Ni demasiado lejos ni demasiado cerca». Hasta lograr un feminismo entendido como una aventura colectiva para todos los seres humanos.

La maternidad, la paternidad, el compromiso, el deseo, las dicotomías, el placer, la perversión pueden intercambiarse y superponerse. O transitar por sorprendentes territorios. Pero también, por el de la violencia.

Penetrado y penetrador. Dolor y destrucción, pero también esperanza. Humanos y máquinas. Drogas…, casi nunca buenas. Una identidad de género y personal que se diluye. Una realidad azarosa e implacable. Masturbación como sexualidad. Ella que es él, él que es ella. Androginia, según y cómo. No hay límites tradicionales que no puedan saltarse. Esta es la trama del filme *Titane*, de Julia Ducournau, que ganó la Palma de Oro de Cannes en 2021. A su luz, muchas de las polémicas sobre el sexo, la elección de objeto y el género, que se han venido produciendo desde el siglo XIX al XXI, parecen disolverse. Es un film profético, aunque no creo que la directora se lo haya planteado así. Habla de otras realidades posibles. Y de algunas que ya están presentes. No son mejores ni peores. Son diferentes. El film define unas posiciones que pueden ser subvertidas casi en su totalidad. Para bien o para mal.

Señala Harari, con atrevimiento, que en el debate de los primeros cristianos sobre la naturaleza de Jesucristo y la Trinidad, lo que se preguntaban era, en esencia, si Jesucristo era una persona no binaria. En este caso, el concepto no se aplicaba a la identidad sexual, sino a la personal, a la ontológica: si era divino o humano, si era divino y humano o ni divino ni humano. En algunos de los debates actuales sobre la naturaleza del ser humano y sus posibilidades de transformación, habría ecos de aquellas discusiones. La aparición de ciberorganismos, los desarrollos en pensamiento y vida artificial, las técnicas de manipulación genética empiezan a plantear el tema del transhumanismo, esto es, el debate acerca de qué podemos hacer con nuestros cuerpos y con nuestras mentes. No mucho en la actualidad, pero resulta obvio que, en un futuro no muy lejano, sí va a ser posible. Otra cosa será que tenga sentido hacerlo, que nos mejore como personas y como especie. E incluso cabe pensar que llegaría un momento en el que podríamos dejar atrás nuestra esencia tal y como la conocemos. Aún estamos lejos de esa posibilidad, pero, en realidad, eso es algo que no es nuevo. Los registros fósiles muestran cómo las diversas especies humanas han ido cambiando hasta dejar de ser quien eran. Eso ha ocurrido a través de una lenta evolución, pero no podría suceder ahora por un cambio muy rápido y dirigido a voluntad por los propios seres humanos. Aparecen en el horizonte unas posibilidades de creación casi divinas. Creíamos saber lo que éramos, pero ahora resulta que los nuevos conocimientos científicos nos dicen que no es así, que no sabemos ni sabemos adónde nos pueden llevar las transformaciones que vamos a ser capaces de lograr. El editor genético CRISPR es un ejemplo no menor. Tampoco este intento es nuevo. Los alquimistas medievales ya persiguieron esta idea. Algunos chamanes de las culturas mesoamericanas, también. Los científicos de la Alemania nazi lo intentaron. En su desarrollo, se produjeron unas pocas novedades médicas que eran interesantes y llegaron después a ser útiles, pero la mayoría eran sádicas o aberrantes experimentaciones. Lo que parece claro es que algo está cambiando en nuestra forma de experimentar, y anuncian que algo está cambiando en nuestra forma de cómo hacerlo y definir la materialidad de la que estamos hechos. Su valoración no puede ser científica o técnica, sino social, ética y cultural. Respecto a muchos procedimientos médico-biológicos, hay que plantearse que no todo lo posible es bueno y que no todo lo bueno es posible. Qué y cómo queremos ser es la pregunta a la que hemos de dar respuesta, y no es fácil. Es ahí donde estamos. Y sabemos hacia dónde vamos. Hacia un lugar en el que cualquier tipo de experiencia que surja de las realidades masculinas y femeninas de los seres humanos lleven a unas relaciones iguales en derechos y todo lo diferentes que se desee en las prácticas de vida. Hacia un lugar en el que vivir todo eso sea satisfactorio.

Autores citados

de; Lévi-Strauss, Claude; Lora, Pablo de; Lorde, Audre; Maffia, Mónica; Malouf, Amin; Marcuse, Hebert; Martínez, Elvira; Marx, Karl; Masters, William; Maturana, Humberto; Merkel, Angela; Millett, Kate; Molina, Cristina; Monty Phyton; Newman, Paul; Nicholson, Linda; Nussbaum, Martha; Orobitg, Gemina; Paglia, Camille; Patou-Mathis, Marylène; Pinker, Steven; Pinkola, Clarissa; Platón; Preciado, Beatriz; Preciado, Paul; Proust, Marcel; Ranea, Beatriz; Rich, Adrienne; Roudinesco, Elisabeth; Rowland, Janet; Rubin, Gayle; Sánchez, Javier; Sartre, Jean Paul; Sau, Victoria; Schaik, Carel van; Sedgwick, Eve; Serres, Michel; Serrat. Joan Manuel; Shakespeare, William; Sklodowska, María Salomea; Sontag, Susan; Spinoza, Baruch; Steinem, Gloria; Stock, Kathleen; Swift, Jonathan; Taylor, Elizabeth; Thatcher, Margaret; Tolman, Deborah; Tomás de Aquino; Tomasello, Michael; Toscano, Manuel; Trumpler, Maria; Tse-tung, Mao; Unger, Rhoda; Vidal, Gore; Vidarte, Paco; Watson, James; Weber, Max; Welch, Raquel; Wittig, Monique; Woolf, Virginia; Zerilli, Linda M.G.

Agradecimientos

En los inicios de este libro los ánimos y apoyos de Victoria Perdiguero, Carlos Rodríguez Hoyos, Carmen Arribas y Lola Moñux fueron decisivos para iniciar la tarea.

A Javier Fernández Rubio, director de la editorial El Desvelo le pareció una buena idea el libro, aun cuando no teníamos ni una palabra escrita. Su confianza es muy estimulante.

Casi todo ensayo se escribe gracias a la colaboración de otras personas. Este también es el caso de este trabajo. Está escrito con pasión militante y cierta urgencia impulsado por la importancia actual de los temas tratados. No pasa día sin que la prensa se ocupe de ellos. Se elaboran informes, se crean cátedras y ministerios al respecto. Por eso era importante ser lo más claro y preciso que se pudiera.

Begoña Cacho y Elvira Martínez, que corrigieron este texto, tenían, claro está, sus propias posiciones al respecto, producto de su reflexión, lecturas y experiencias. Habían de dejar de lado sus ideas para dedicarse a las que en este ensayo se exponían. No fue tarea fácil.

Begoña Cacho se ocupó del primer borrador completo y trabajó sobre su orden, estructura y articulación general.

Elvira Martínez corrigió ese borrador hasta llegar al manuscrito final. Realizó la corrección sintáctica, ortográfica y conceptual. También revisó todas las referencias, citas y datos. Quiso obtener un texto cuya lectura fluyera. Y no era sencillo. Soy el responsable de todo el contenido, pero los momentos particularmente claros o bellos que encuentren aquellas personas que lean este libro se deben a ella.

Su trabajo de colaboración es tan importante que considero a ambas prácticamente coautoras de este libro.

Mi agradecimiento a ellas.

Rafael Manrique

Índice